U0943961

像格雷厄姆一样读财报

【美】本杰明·格雷厄姆 Benjamin Graham 【美】克宾塞·麦勒迪斯 Spencer B. Meredith 著

THE INTERPRETATION OF FINANCIAL STATEMENTS

中国青年出版社 CHINA YOUTH PRESS

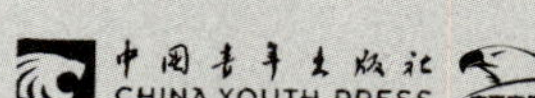

图书在版编目（CIP）数据

像格雷厄姆一样读财报 /（美）本杰明·格雷厄姆，（美）克宾塞·麦勒迪斯著；刘雨，江蓉蓉译. — 2版. —北京：中国青年出版社，2016.6

书名原文：The Interpretation Of Financial Statements

ISBN 978-7-5153-4302-0

Ⅰ. ①像… Ⅱ. ①本… ②克… ③刘… ④江… Ⅲ. ①会计报表 – 基本知识 Ⅳ. ①F231.5

中国版本图书馆CIP数据核字（2016）第154747号

像格雷厄姆一样读财报

作　　者：［美］本杰明·格雷厄姆　克宾塞·麦勒迪斯
译　　者：刘　雨　江蓉蓉
审　　订：林爱斌
责任编辑：周　红
美术编辑：张　建
出　　版：中国青年出版社
发　　行：北京中青文文化传媒有限公司
电　　话：010-65511270/65516873
公司网址：www.cyb.com.cn
购书网址：zqwts.tmall.com　www.diyijie.com
印　　刷：大厂回族自治县益利印刷有限公司
版　　次：2016 年 6 月第 2 版
印　　次：2018 年 6 月第 12 次印刷
开　　本：787 × 1092　　1/16
字　　数：138 千字
印　　张：12.5
京权图字：01-2008-3879
书　　号：ISBN 978-7-5153-4302-0
定　　价：32.00 元

目 录
CONTENTS

序言

1975年春天，在我就职于共同股份基金（Mutual Shares Fund）后不久，马克斯·海涅（Max Heine）便叫我注意一家小型酿酒厂——F & M Schaefer。我永远不会忘记自己盯着这家公司的资产负债表，看见上面写着+/-4,000万美元的净值和4,000万美元的无形资产。我对马克斯说："它看上去很便宜，它的市价比净值低多了……典型的价值型股票！"马克斯回答道："看仔细点。"

我查找了各种公告和记录，仔细研究了其财务报表，然而这些资料都无法说明F & M Schaefer的无形资产到底是从哪儿来的。于是我给F & M Schaefer的财务经理打了电话："我正在查看你们公司的资产负债表。请告诉我，这 4,000万美元的无形资产到底指的是什么。"对方回答："难道你不知道我们的广告语吗？'Schaefer好酒，喝了第一口还想第二口。'"

那是我第一次对无形资产的价值进行分析，当然，在1975年的时候，无形资产在某种程度上被认为是言过其实的代名词，它提高了公司的账面价值，显示的是比实实在在的有形收益高得多的总收益，F & M Schaefer的股价也因此高出了它本来应有的值。结果，我们并没有购买这只股票。

今天又有多少广告语被带到了资产负债表中呢？几十亿？或者流行趋势已经发生了改变？像可口可乐（Coca-Cola）、菲利普·莫里斯（Philip Morris）、吉列（Gillette）这些公司，它们现在都拥有享誉全球的无形资产，这些价值都没有反映在其资产负债表上吗？

本书作为本杰明·格雷厄姆（Benjamin Graham）和斯宾塞·麦勒迪斯（Spencer Meredith）合著的《像格雷厄姆一样读财报》1937年经典版的再版，其出现恰逢其时。因为我们以往的会计惯例已经或正在变得不合时宜，它正在与时俱进，以适应商业的发展。因此，对一般投资者而言（如商人和学校教师），对财务报表进行基础性的研究分析，变得越发重要起来。

到1998年，我们的并购浪潮已进行了二十年之久，在此期间，许多知名的大型公司兼并了一个或更多的公司，这些公司的财务报表也因此变得越发难以体现其真实的价值。目前，财务会计准则委员会（Financial Accounting Standards Board）正在研究是否要取消公司合并时在会计上采取的权益结合法；如果该方法被取消的话，资产负债表上的商誉价值将会增大。权益结合法允许公司将自己的账目和它所兼并或并购的公司的账目合并在一起，而无需列出商誉。权益结合法同时也限制了股票回购，而会计上的购买法（公司兼并或并购时采用的另一种会计方法）则允许股票回购，并要求任何形式的商誉资产应在不超过四十年时间的特定期限内予以摊销。这种记录商誉值的要求，降低了兼并费用和公司的估值水平。

美国富国银行（Well Fargo）与第一洲际银行（First Interstate）在1996年合并，他们采用的会计准则就是购买法，而最近美国大通银行（Chase Manhattan Bank）以及美国纽约化学银行（Chemical Bank）的合并，采用的则是权益结合法。在研究这些合并以及其他类似合并的进一步结果时，应该采用一致的会计方法。譬如，富国银行甚至在每年摊销高达3亿美元的商誉值后，使用现金流回购股票，并把它报告为“现金收益”，并视作常规收益，计入摊销后的每股收益。作为共同股份基金的工作人员，对那些创造了很多关联交易，并且由此引申出巨额商誉价值的行业，我们更加关注“现金收益”而非商誉价值摊销后的收益。站在投资者的角度，准确地诠释这些与会计相关的事件以及公司的行为变化，是跟上当今快速发展的市场的关键。如果投资者坚持格雷厄姆的原则，也就是总是以财务报表为依据，那么他们就会避免犯严重的错误，而没有了严重的错误，复利的威力就能显现出来。

无论你是否是格雷厄姆的信徒，无论是作为价值型投资者，还是成长型抑或趋势型投资者，你都不得不承认股票的价格必然是与其财务状况相关的。很多时候，投资者们忽略了诸如账面价值、现金流、利息、各种财务比率这些决定普通股价值的基本数据。特别是在股市的繁荣或者恐慌时期，投资者往往都将成功的投资方法抛诸脑后。如果投资者能够对如何阅读基本的财务信息有一个透彻的理解，他们就能够有的放矢，从而避免严重的错误，这也同样有助于人们发现潜藏在华尔街背后的价值。

当今的企业全球化的步伐比以往任何时候都要快。这些企业在世界各地经销的产品，有很多是他们苦心研究几十年、花费数十亿美元打造出来的结晶。然而，他们在资产负债表上却未提及任何无形资产科目，因为这些无形资产的价值已经反映在公司的市场价格中。不过市场又愿意为一个品牌支付多少价格呢，他们这样做的目的又是为了什么呢？这些价格与这些知名品牌创造出的现金流有关系吗？世界性的大公司非常善于使用品牌价值。航空公司正在使用计算机，以找出最优的承载负荷量。管理信息系统比以往任何时候，都有助于从现有资产中创造更大的利润。由于公司的全球化进程，既可以通过直接扩展，又可以通过合资得以实现，因此知名品牌的真正价值也将成形。由此，关注财务报表的投资者们就能通过市场走势判断这些“产品”以及“品牌”等无形资产的大致股价。

《像格雷厄姆一样读财报》最早出版于1937年，它是格雷厄姆继投资圣经《证券分析》之后的又一力作，当时的股票市场可谓是门可罗雀，投资者们纷纷避之不及。今天，情况却恰恰相反，投资者应该对其所持有股票的公司的财务报表进行全面的分析，以确保能够充分地理解公司经营的整体情况。这本手册可以让你透彻地掌握公司资产负债表（一家公司拥有多少，欠别人多少）以及利润表（公司到底赚了多少）的情况，其中也包括对其他财务报表、财务比率以及常用财务术语的讨论，这些对投资者来说都是大有裨益的。

有了这本手册，投资者将加深对收益报告、年度财务报告、最新披露的有关费用、准备金以及重新编制的收益报表等财务科目的认识。所有的投资者，无论是刚入门的初学者，还是经验丰富的行家，都可以从本书受益良多，正如我所受益的那样。按照本书所述的思路，最终你应该像购买食品杂货而不是香水那样选择股票，把注意力都集中在基本面分析上——你为牛排支付了多少价钱，为牛排的烹饪加工又付出了多少——这样你就不至于误入歧途。

有《像格雷厄姆一样读财报》常伴你左右，我相信，你一定会在股市博弈中如鱼得水、游刃有余。

祝大家投资好运！

迈克尔·F·普莱斯

前 言

本书构思和设计的目的，就在于使你能够明智地阅读财务报表。财务报表，旨在以一种简洁的形式，对一家公司的财务状况和经营成果给予准确、定量的描述和刻画。与上市公司及其证券打交道的每个人，都必然会有机会阅读其资产负债表和利润表。每一个商人和投资者都希望能够读懂这些公司的报表，特别是对于证券承销商和客户经纪人而言，是否具备准确分析财务报表的能力就更为关键。当你知道数字后面所隐含的真正含义时，你就已经具备了坚实的基础，从而能够做出正确的商业和投资决策。

我们对本书的叙述，是按照记入典型资产负债表和利润表的各种要素的顺序，依次进行介绍和分析的。首先，我们要清楚特定的术语或词句的含义，然后从全局高度上对它的意义进行简单的评述。只要有可能，我们尽量给出一些简明扼要的判别或检验标准，以便投资者用来判断公司报表中在某一特定方面所披露的细节到底是好是坏。这些内容或许看起来都很基础，没有什么特别之处，事实上，财务报表分析本来就是相对简单的一件事情。但是，即使是在财务报表的基本分析方面，也仍然有一些特性和缺陷，投资者应该对其加以识别和提防，这也是至关重要的。

当然，一项投资成功与否，最终还要取决于未来趋势的发展，而未来或许是永远不可能精确预见的。但是，如果你对一家公司当前的财务状况和过去的收益数据都了如指掌，你就更有可能对公司的未来发展做出判断，这就是证券分析的精髓和要义所在。

接下来的内容很多都在纽约证券交易研究所（New York Stock Exchange Institute）证券分析课程中得到了运用。本书既可以方便人们对财务知识做一些独立的分析和研究，也可以作为更详细了解这一学科的入门指南。在纽约证券交易研究所，这些资料是与本杰明·格雷厄姆的《证券分析》结合在一起使用的。

本杰明·格雷厄姆

克宾塞·麦勒迪斯

1937年5月2日于纽约

THE INTERPRETATION OF FINANCIAL STATEMENTS

第一部分

资产负债表和利润表

第1章

一般的资产负债表

BALANCE SHEETS IN GENERAL

资产负债表显示的是公司特定时点的财务状况。资产负债表不可能包括1936年全年的经营情况，它仅仅是某个时间点的财务信息说明，譬如，它仅显示1936年12月31日时的财务信息。单一的资产负债表可能会对公司的过去有所提示，但是如果要了解公司的经营历史，更为明智的做法则是在利润表中进行研究，同时也可以对连续的资产负债表加以比较。

资产负债表试图显示出在一个特定时点公司拥有的资产是多少，背负的负债又有多少。公司拥有的资产显示在报表的左边，而背负的债务则显示在报表右边的上半部分。资产由公司拥有的有形资产，如持有或已经投入的货币资金，以及别人欠公司的应收款项组成，有时候也包括无形资产，比如商誉，商誉价值的确定常常带有很大的随意性。所有这些科目共同构成了公司的整个资产，其对应的数值显示在资产负债表的左端。

在资产负债表的右边则不仅显示了公司的债务，同时还包括了股东的所有者权益，如股本（非股份制公司为“实收资本”）和各种准备金等。一般而言，在生产、经营过程中所产生的债务记为应付账款，更为正式的借款（比如：向银行等金融机构的借款）则应作为未清偿的债券或票据记入账目，而准备金则像后面内容将提到的那样，有时会被当成债务的等价物，不过一般情况下，两者具有完全不同的特征。

股东权益在资产负债表右边显示为资本项及盈余项。通常人们把股东权益当做负债是因为它们表示公司欠股东的钱。把股东权益简单地看成是资产与负债之差，这样或许更容易理解。为了方便起见，在资产负债表中股东权益记到了报表的右边，这样资产及负债两边才能达到平衡。

换句话说，典型的资产负债表格式应该如下：

资产	$ 5,000,000	负债	$ 4,000,000
		资本及盈余	$ 1,000,000
	$ 5,000,000		$ 5,000,000

实际上相当于：

资产	$ 5,000,000
减去负债	$ 4,000,000
股东权益	$ 1,000,000

在资产负债表上，总资产与总负债（把股东权益也视作公司对股东的负债）总是相等的，因为无论资本和盈余这两个科目的数值多少，它都必须使资产负债表两边的数值达到平衡。

1. 资产负债表（the Balance Sheet）：亦称财务状况表，可以让报表阅读者于最短时间了解特定时间点企业财务状况。

在格式上，资产负债表一般有表首、正表两部分。其中，表首概括地说明报表名称、编制单位、编制日期、报表编号、货币名称、计量单位等。正表是资产负债表的主体，在左右两边列示了用以说明企业财务状况的各个项目。在中国，资产负债表等财务报表的参考格式由财政部负责颁布和解释。

资产负债表在编制时，会把所有项目按一定的标准进行分类，并以适当的顺序加以排列。世界上大多数国家（包括中国）所采用的就是按流动性排序的资产负债表。它首先把所有项目分为资产、负债、所有者权益三个部分，资产项目按其流动（变现为“现金”的速度）性排列，流动性大的排在前，流动性小的排在后；负债项目按其到期日的远近排列，到期日近的排在前，到期日远的排在后；所用者权益项目按其永久程度高低排列，永久程度高的排在前，永久程度低的排在后。

2. 财务报告：在中国，一套完整的财务报告至少应当包括“四表一注”，即资产负债表、利润表、现金流量表、所有者权益变动表以及附注。

3. 资产负债表日：是指财务报告的时点，有年度财务报告和中期财务报告。中期财务报告是指短于一年的财务报告，一般分为月报、季报、半年报等。

4. 定期报告：在中国，公开发行股票上市交易的企业被强制要求在规定时间内公布其第一、三季度报告，第二季度报告即半年度报告，以及年度财务报告。其中，年度财务报告必须经有证券期货资质的会计师事务所审计。其他定期报告无特殊情况时不要求经过审计。

5. 上市公司信息查询：上市公司的定期报告以及各种公告，会按照监管机构的相关要求刊载在《中国证券报》等纸质刊物上，但是，网络上的查询可能显得更为方便，我们可以通过巨潮资讯网（http://www.cninfo.com.cn/）等专业网站来获取我们需要的信息。

第2章

借方与贷方

DEBITS AND CREDITS

要透彻地理解财务报表，首先需要对编制财务报表的簿记方法有大致了解。簿记、会计以及财务报告，这些都是建立在借方与贷方这两个概念上的。

资产账户的增加，以及负债账户的减少，通常以借方来表示。

负债账户的增加，以及资产账户的减少，通常以贷方来表示。

因为资本及各种盈余都可以看做是负债科目，所以增加这些科目以贷方来表示，而减少这些科目以借方来表示。

“复式记账法”是使用最普遍的记账方法，在此方法下，每笔借项对应一笔贷项。因此账簿两边的数值总能够保持平衡，即总资产与总负债总是相等的。

公司一般的经营过程中涉及到各种收入和费用科目，例如销售收入、已付工资等，这些都不会反映在资产负债表上。

这些营业科目或中间科目将会在财务结算期末“转移”（或“结清”）至盈余部分或损益部分（盈余账目的另一种称法，反映的是公司的经营结果、股息等）。收入项等于盈余项的增加数值，其通常以贷方来表示。费用项相当于从盈余中扣除的金额，其通常以借方来表示。

试算平衡表表明的是，在中间或营业科目被结转到损益账户之前反映在账簿中的所有的不同账户。所有借方余额的合计数必须等于所有贷方余额的合计数。

下面简化的公司经营历史数据，或许有助于说明公司的经营情况是如何被记入到账簿中，并在试算表中反映出来，最终被合并到资产负债表中的（公司簿记不一定会以这样的叙述进行处理，因此，希望读者使用其他正规的会计教科书，作为替代或辅助参考）。

在财务结算期初,X公司的资产负债表内容如下:

现金	\$ 3,000	股本	\$ 5,000
存货	4,000	损益盈余	2,000
	\$ 7,000		\$ 7,000

上述资产负债表内容在明细分类账（记录各种会计科目的账簿）中记录如下：

现金		存货		股本		损益盈余	
借方	贷方	借方	贷方	借方	贷方	借方	贷方
\$ 3,000		\$ 4,000			\$ 5,000		\$ 2,000

在此财务结算期间，公司出售货物应收款项为 \$ 3,000，销售成本为 \$ 1,800，其他现金支付的费用为 \$ 500。

原始的会计分录的日记账内容如下：

借：应收账款	$3,000	贷：销售收入	$3,000
借：销售成本[①]	1,800	贷：存货	1,800
借：费用	500	贷：现金	500

（各项科目）

在财务结算期末，上述会计科目转移到以下分类账中：

现金		存货[②]		应收账款		销售收入	
借方	贷方	借方	贷方	借方	贷方	借方	贷方
3,000	500	4,000	1,800	3,000			3,000
	2,500		2,200				
	（转成余额）		（转成余额）				
3,000	3,000	4,000	4,000				
2,500		2,200					

销售成本		费用		股本		损益盈余	
借方	贷方	借方	贷方	借方	贷方	借方	贷方
1,800		500			5,000		2,000

① 销售成本：实际上是用期初存货加上本期购货额，再减去期末存货得到的。简化起见，我们还用上述会计记录方法。

② 参见“销售成本”脚注。

从上述账户中，可以编制出的试算平衡表如下：

现金	2,500	股本	5,000
存货	2,200	损益盈余	2,000
应收账款	3,000	销售收入	3,000
费用	500		
	10,000		10,000

通过下列的结转损益分录，可以将所有的经营账户结转为“损益”类账户，记录如下：

借：销售收入	3,000	贷：损益	3,000
借：损益	1,800	贷：销售成本	1,800
借：损益	500	贷：费用	500

注意损益盈余项中增加的＄700（=3000–1800–500）的净值是结算当期公司的盈利情况。会计分录忽略了营业项。总分类账记录如下：

现金		存货		应收账款
3,000	500	4,000	1,800	3,000
	2,500（转成余额）		2,200（转成余额）	
3,000	3,000	4,000	4,000	
2,500		2,200		

销售收入

3,000	3,000
	(进入损益账户)
3,000	3,000

销售成本

1,800	1,800
	(进入损益账户)
1,800	1,800

费用

500	500
	(进入损益账户)
500	500

股本

5,000	

损益盈余

1,800(来自销售成本)	2,000
500(来自费用)	3,000(来自销售收入)
2,700(转成余额)	
5,000	5,000
	2,700

从上述的分类账记录中，我们得出下列的资产负债表，其表示公司在考虑了上述会计科目之后，在期末的财务情况:

资产		负债	
现金	2,500	股本	5,000
存货	2,200	损益盈余	2,700
应收账款	3,000		
	7,700		7,700

专业解读 Professional interpretation

1. 本章简单又较系统的介绍了会计学中的借贷平衡簿记法的理论基础，也以举例的方式简要说明了从财务结算期初到特定时点资产负债表的形成过程。但是，如果需要系统的了解上述过程，读者需要借助其他更为专业的会计学教材，比如会计从业资格考试中的《会计基础》，更为深入的学习则可以参考中级会计师职称考试的《中级会计实务》或者中国注册会计师考试中的《会计》。

2. 簿记方法：在我国的会计实务中，曾出现过三种复式记账法，即借贷记账法、增减记账法和收付记账法。1993年7月1日开始实施的《企业会计准则》规定，企业记账必须采用借贷记账法。

第3章

总资产及总负债

TOTAL ASSETS AND TOTAL LIABILITIES

资产负债表上的总资产以及总负债仅能粗略地说明公司规模和实力。考虑到无形资产可能被过高估价，资产负债表的价值很容易被过度夸大。多数情况下，固定资产数值也可能会被高估。另一方面，我们发现很多实力强大的公司，尽管商誉等无形资产是其最重要的资产之一，但是这部分的价值可能压根就没有在资产负债表上显示，即使记录，也仅以名义价值显示（通常情况下为1美元）。最近出现了一种新的会计惯例，开始减记固定资产类账户或厂房设备账户，甚至为0，其目的是保证未来足额的计提折旧。因此，公司资产的真实价值与资产负债表上所陈述的内容不一致的情况是有可能发生的。

一家公司的规模大小既可从资产总额，也可从销售总额的角度来衡量。两种衡量方法所得出结论是相关的，因此都可以依据公司所在的行业背景来判断分析。小型铁路公司的资产总额可能会高于那些大型百货商店的资产总额。从投资的层面分析，尤其是从那些购买高等级债券或优先股的保守投资者的角度分析——将大部分资金投入实力较强的公司，或许会是一种更好的选择。对于工业公司而言，情况更是如此，因为在工业领域中，相比铁路公司或公用事业公司，规模较小的工业公司更容易受到突如其来的财务问题的影响。当公司收购合并的目的是为了获得投机利润，抑或长期资本利得，此时占据行业的主导地位就显得没有必要，因为许多例子说明，小型公司可以比大型公司发展得更为繁荣。当大型公司在其规模还相对较小时，它们本身就代表着最好的投机机会。

专业解读 Professional interpretation

1. 本章告诉我们，资产负债表在很多时候并不能真实的反映一个公司的实力，阅读资产负债表，应该“跳出”资产负债表，去寻找表外隐藏的信息，进而帮助我们判断目的公司资产负债表账面所反映出来的价值是被低估了还是被高估了。

这里还告诉我们一个常用的方法，那就是与同行业公司的横向比较，这对于投资者而言也是很重要的判断手段。

2. 对于投资者而言，一般来说，账面资产的高估以及负债的低估更为可怕，我们的目标是希望通过学习，找到账面资产低于其实际价值的公司，这样的公司才具备投资的基本价值。如果各种情况表明目的公司的账面价值已经出现高估，那么除非奇迹发生（例如奄奄待毙的“唯冠”，突然接到了苹果公司的“IPAD”商标馅饼），或者有外部力量的强力介入（诸如其他公司借壳上市；控股股东进行资产重组注入新的优良资产），才有可能出现投资机会。作为价值投资而言，这样的公司不在本书讨论范畴。

第4章

资本与盈余

CAPITAL AND SURPLUS

如前所述，公司净值或股东权益反映在账簿中，就是资本及盈余账户。举个简单的例子，公司以往的会计惯例是，将股东投入的资金记入股本（实收资本）科目，盈利未以股息形式支付给股东的部分则称为盈余。股本（实收资本）代表的是股东投入的资本总额，对股份公司而言，有时仅表示某一类型的股票，有时又划分为许多种类，其中最常见的是优先股或普通股。有时也使用其他的说法，如A类股或B类股、递延付息股及发起人股份等等。从这些分类标志中，无法分辨股票的权益和责任，不过可以从预先设立的相关条款中弄清楚它们之间的区别，在投资者手册或其他统计资料及参考书中，都会分别对它们做概括性介绍。

股票设定票面价值与否，都不会影响其价值组成。举个简单的例子，票面价值代表的是原始股购买者为每份股票支付的价格。一家100万股份，每股票面价值为100美元的公司所筹集到的投资资金或许会远远大于一家100万股份，但每股票面价值仅为5美元的公司。不过，在现代公司组织结构下，每股的票面价值和股本的美元市价总值，或许都不能真正灵敏地反映出该公司的资本实力。在财务报表上，披露的股本（实收资本）数据通常要远远小于股东购买股票时实际支付的数额，他们实际交款额与票面金额的差就构成了某种形式的公积金。

没有给定票面价值的股份，就意味着，从理论上它们并不代表任何特定数额的货币分摊差益，只是表明它们在净资产总值中所占的一个特定比例的权益。当今，在许多情况下，公司都有意识地把每股的票面价值设定得比较低，其目的是为了最大限度地减少公司的交易费用和转移税收的支付。

可以将这些不断变化的会计惯例用下列假定来阐释：权益所有者用10,000,000美元购买了100,000份股票。按照前述步骤，每股的票面价值应为100美元，其资产负债表记录如下：

资本……100,000股，每股票面价值＄100…………＄10,000,000

更进一步，假设股票没有给定票面价值，那么就应记录如下：

资本……100,000股，无票面价值…………＄10,000,000

或者公司创办人有意将资本设定为一个较小价，比如实收资金的一半，此时，账户记录如下：

资本……100,000股，无票面价值…………＄5,000,000
资本公积金（或资本盈余）…………………＄5,000,000

最近的会计惯例方法是：给股票设立一个较低的票面价值，如每股5美元。此时，公司的资产负债表记录如下：

资本……100,000股，票面价值$5………………$500,000

资本公积金………………………………9,500,000

因此，在今天的资产负债表中，区分资本及资本公积金（或资本盈余）或许就没有太大的意义。为了分析的目的起见，最好将资本及其他资本盈余项放在一起考虑，并给出一个单一的数值为股东权益定价。

1. 股本（实收资本）：在中国，不同类型的公司对这一概念的说法是不一样的，股份公司称之为“股本”，而非股份公司如有限责任公司则称之为“实收资本”，股本（实收资本）会出现与股东投入（注册资金）背离的情况，就出现了本章所说的“某种形式的公积金”（在中国，这体现在报表中的“资本公积”之中）。财务指标中很多与该科目密切相关，后面的章节中将陆续提到。

2. 注册资本：在中国，实行法定资本制度，所以注册资本也叫法定资本，是公司制企业章程规定的全体股东或发起人认缴的出资额或认购的股本总额，并在公司登记机关依法登记，注册资本体现在工商管理部门颁发的公司营业执照上，体现在财务报表则对应“股本（实收资本）”。

3. 注册资金：注册资金是国家授予企业法人经营管理的财产或者企业法人自有财产的数额体现。注册资本与注册资金的概念有很大差异。注册资金所反映的是企业经营管理权；注册资本则反映的是公司法人财产权，所有的股东投入的资本一律不得抽回，由公司行使财产权。注册资金是企业实有资产的总和，注册资本是出资人实缴的出资额的总和。注册资金随实有资金的增减而增减，而注册资本非经法定程序，不得随意增减。

4. 股票类型：股票类型可以有不同的分类。

在我国，按股票持有者可分为国家股、法人股、个人股三种。股权分置改制完成，股票全流通以后，三者在权利和义务上基本相同，不同之处在于其持有者的身份不同。

按股东的权利可分为普通股、优先股及两者的混合等多种。普通股的收益完全依赖公司盈利的多少，因此风险较大，但享有优先认股、盈余分配、参与经营表决、股票自由转让等权利。优先股享有优先领取股息和优先得到清偿等优先权利，但股息是事先确定好的，不因公司盈利多少而变化，一般没有投票及表决权，而且公司有权在必要的时间收回。优先股还分为参与优先和非参与优先、积累与非积累、可转换与不可转换、可回收与不可回收等几大类。在我国A股市场上，暂时没有优先股这一种类，全部为普通股。

股票按票面形式可分为有面额、无面额及有记名、无记名四种。有面额股票在票面上标注出票面价值，一经上市，其面额往往没有多少实际意义；无面额股票仅标明其占资金总额的比例。我国上市的都是有面额股票，一般为一股一元。记名股将股东姓名记入专门设置的股东名簿，转让时须办理过户手续；无记名股的名字不记入名簿，买卖后无需过户。在我国，最早发行纸质股票的时代出现过记名股票，但在现在的公司运营实践中基本不存在纸质的股票，所以就无所谓记名和不记名了，1995年之后的除公司法之外的中国证券相关法规再无记名股票的说法。

在我国，现在公众买卖的股票，无论持有多少，都在中国证券登记结算公司（以下简称“中登公司”）有账户记录，上市公司如果想查，可以让中登公司把所有持有该公司股票的股民名单都打出来，如果是分红，上市公司就按照账户记录将分红款项打到所有持股股民账上。在上市公司的定期报告上，我们能看到前十名股东持股情况，这是上市公司按照相关法规履行例行的法定披露义务。

5.“T”类股票:

在我国，该类型股票包括ST股和PT股，我们需要提醒读者特别注意，一方面由于该类型的股票往往由于经营业绩不善，自身存在巨大的风险；另一方面，该类型的股票尤其是“ST ”类型股票，往往成为市场各类操纵者追逐的对象，股价经常暴涨暴跌，对于部分天性喜欢冒险的股民来说，具有极大的诱惑力。

1998年4月22日，沪深证券交易所宣布将对财务状况和其他财务状况异常的上市公司的股票交易进行特别处理（英文为specialtreatment，缩写为“ST”）。其中异常主要指两种情况：一是上市公 司经审计两个会计年度的净利润均为负值，二是上市公司最近一个会计年度经审计的每股净资产低于股票面值。在上市公司的股票交易被实行特别处理期间，其股票交易应遵循下列规则：（1）股票报价日涨跌幅限制为5%；（2）股票名称改为原股票名前加“ST”，例如“ST钢管”；（3）上市公司的中期报告必须经过审计。

PT股是基于为暂停上市流通的股票提供流通渠道的特别转让服务所产生的股票品种（PT是英文ParticularTransfer〈特别转让〉的缩写），这是根据《公司法》及《证券法》的有关规定，上市公司出现连续三年亏损等情况，其股票将暂停上市。沪深证券交易所从1999年7月9日 起，对这类暂停上市的股票实施“特别转让服务”。PT股的交易价格及竞价方式与正常交易股票有所不同：（1）交易时间不同。PT股只在每周五的开市时间内进行，一周只有一个交易日可以进行买卖。（2）涨跌幅限制不同。据最新规定，PT股只有5%的涨幅限制，没有跌幅限制，风险相应增大。（3）撮合方式不同。正常股票交易是在每交易日9：15—9：25之间进行集合竞价，集合竞价未成交的申报则进入9：30以后连续竞价排队成交。而PT股是交易所在周五15：00收市后一次性对当天所有有效申报委托以集合竞价方式进行撮合，产生唯一的成交价格，所有符合条件的委托申报均按此价格成交。（4）PT股作为一种特别转让服务，其所交易的股票并不是真正意义上的上市交易股票，因此股票不计入指数计算，转让信息只能在当天收盘行情中看到。

第5章

财产账户

PROPERTY ACCOUNT

公司的财产账户包括土地、建筑物、各种设备以及办公设施。这些科目通常被称为“固定资产”——尽管许多资产是可移动的，比如机车、移动设备、小型工具等。过去惯用的会计做法是：将财产账户列在资产负债表中资产方的最前面，现在则习惯于首先排列现金及其他流动资产科目，而将固定资产列在报表的最后面。财产账户占资产的比重因公司性质的不同而发生变化。铁路公司的财产账户占资产的比重较大，而专利药品生产公司的同类比值则会较低。譬如，艾奇逊—托皮卡—圣菲铁路公司的这一比率占到总资产的88%以上，而兰伯特公司同类比值还不到15%。

现行的会计实务准则要求，资产价值按照实际成本，或者公司的公允价值（如果公允价值远低于资产的原始成本）计价。假设资产的价值明显高于其原始成本的价值，那么则可以用较高的数值对其进行重新估值。通常情况下，很难判断固定资产的合理价值，因为几乎没有供公允价值资产进行交易的市场。因此，大部分公司倾向于以原始成本来记录财产账户，而不考虑这些数值是否能够准确地反映资产即时的公允价值。不过在有些情况下，财产账户的金额会在一个给定时点上进行重新评估，反映在资产负债表上，这一数值就表现为高于或低于成本价。

同样在某些情况下，固定资产也可能是被任意定价的，此时公司价值与其合理价值对应的实际成本之间没有直接关系。譬如，美国钢铁公司的财产账户，相对于原始价值升值或膨胀幅度达到600,000,000.00美元，这使得普通股的账面价值不再符合现实情况，它当然已经远远地超出了原始股票的发行价格。这种资本极度膨胀的股票就是人们所熟悉的“虚股”（随后，美国钢铁公司的大多数“水分”都是通过从收益及盈余中计提的各种特别费用予以冲销的）。

显然，不能过度在意固定资产价值的评估。这些资产记录的失真，事实上只会对公众起到误导作用，从而使他们走向极端。而且，我们发现，今天的证券投资者一般很少会关注公司的财产账户，除非涉及到营运资金的分析时，人们才会予以重视；这些人几乎没有考虑资产负债表的整体情况，他们更多关注的是公司经营的收益科目。而使用票面价值来表示财产账户的做法是不合适的，当然也不能够忽略票面价值的重要性。在对证券进行估值时，应当适当地考虑票面价值的作用。

1. 在中国，“固定资产”概念与本章所述略有不同，固定资产准则规定，固定资产是指同时具有下列特征的有形资产：（1）为生产商品提供劳务、出租或经营管理而持有的；（2）使用寿命超过一个会计年度。

其中需要特别提醒的是“土地”（在国外，“土地”一般指的是永久性使用权利，在中国，实际上是土地的有限使用权）是要求在“无形资产”中单独反映的。

“建筑物”中的房地产根据持有的目的、用途等，还可能反映在“投资性房地产”，投资性房地产是指为赚取租金或资本增值，或者两者兼有而持有的房地产。投资性房地产应当能够单独计量和出售。

2. 资产的入账价值：在中国，不仅仅固定资产科目，大部分资产的入账价值基本上遵循“历史成本”原则，历史成本亦称原始成本，被视为会计要素确认、计量和报告的一般原则之一。反映的是资产在其取得时为它所支付的现金或现金等价物的金额。负债在正常经营活动中为交换而收到的或为偿付将要支付的现金或现金等价物的金额。

3. 在中国，根据资产减值准则要求，在资产负债表日，需要对一系列非流动资产进行减值测试，其中包括“固定资产”。企业在资产负债表日主要可从外部信息来源和内部信息来源两方面加以判断应当判断资产是否存在可能发生减值的迹象，如果存在减值，则需要计提相应的减值准备，在这种情况下，即使不考虑折旧因素，固定资产反映在报表的价值也会低于其历史成本。

4. 关于企业的固定资产，尤其是重资产类的制造公司，做投资选择的时候我们需要关注其该类资产的状况，比如我们可以看到，太阳能光伏行业在经历行业整体狂欢之后，2011年开始进入行业冬天，同时，每一单位产能所需要的生产设备投资也较高峰期直接下降了将近50%。如此悬殊投资差距对于制造企业的成本控制无疑是巨大的挑战。

第6章

折旧与折耗

DEPRECIATION AND DEPLETION

固定资产中除土地资产外，其余的科目都会随着使用和存续年限而逐年折价。这部分的价值损失称为折旧、报废、折耗以及摊销。折旧是指建筑物以及设备的正常磨损，每年固定资产的折旧费用是根据财产的价值（通常情况下，以原始成本为参考）、预期使用寿命及固定财产报废时的残值大小为基础来确定的。

譬如，假设一套机器安装费用为100,000美元，预期使用寿命为六年，假设其残值为10,000美元，那么每年的折旧费用为90,000美元（100,000-10,000=90,000美元）的1/6，可以得出，该设备每年的折旧费用为15,000美元。

在生产技术不断创新、提高且发展迅速的工业领域中，会出现设备过时或陈旧的情况（尽管这些设备仍然可以使用）。因此在诸如汽车以及化工等产业领域，常常会在设备折旧费用的基础上，适当地计提相应的折耗费用。此时，某个单一的数值通常涵盖了两种计提科目。

几种固定财产的典型折旧率如下：建筑物——2%~5%；机器设备——7%~20%；工厂设备和固定装置——10%~15%；汽车以及卡车——20%~25%等。

每年，固定财产折旧项在利润表中显示为费用或减值，其在资产负债表中作为累计折旧准备金科目予以记录。折旧准备计提既可以直接从资产负债表左方的固定资产中扣除，也可以直接显示在负债方以抵销账户的名义存在。

财产的原始成本或调整后的成本，在未做任何折旧摊销的情况下，称为原值。这一成本减去累计折旧得出净值。当某些固定资产报废时，其原值将会从财产项中减去，而到期应计折旧也会从折旧准备金中做相应扣除。这就说明了，为什么在资产负债表上折旧准备金的余额不会随着从收益账户上提取的折旧费用总额的增加而增加。假设财产在其完全折旧之前就要报废，此时就存在一个财产报废损失的确认，通常情况下，该损失将从盈余账户中扣除（而并非当年的收益账户）。

折耗和折旧是相似的，其用来抵补从地下开采的自然资源的价值消耗。它适用于采矿业、石油业以及天然气公司，折耗费用的计算取决于法定及会计的专门性要求。因此从证券投资者的角度判断，将折耗记录在财务报告中是否公平，是十分困难的，而对折旧及折耗进行全面的研究并不在本书讨论的范围内。不过，对于那些计入损益账户的过多和不适当的费用予以关注，是很有必要的。

每年提取的折耗费用或许应该以股息的形式发放给股东。诸如此类的支付被技术性地称作“资本回报”，通常情况下，这部分资金作为股东收益，不在纳税范围之内。

1. 关于折旧、报废、折耗以及摊销，在中国，土地也需要提取类似的费用，计提方法与固定资产折旧提取类似，该费用一般的称之为“无形资产摊销”。

2. 在中国，该部分“折耗费用”应理解为“固定资产减值准备”。固定资产发生损坏、技术陈旧或者其他经济原因，导致其可收回金额低于其账面价值，这种情况称之为固定资产减值。如果固定资产的可收回金额低于其账面价值，应当按可收回金额低于其账面价值的差额计提减值准备，并计入当期损益。

3. 在中国，固定财产折旧项在利润表中体现为期间费用（销售费用、管理费用），或间接通过成本结转计入营业成本，在会计科目中作为“累计折旧”科目予以记录。折旧、减值准备计提只可以从资产负债表左方的固定资产中扣除，在上市公司的资产负债表上，“固定资产”项目反映的是固定资产的净额，固定资产净额=固定资产原价-累计折旧-固定资产减值准备。

4. 在中国，固定资产提前报废带来的损失首先反映在当期损益上，但是当期损益在资产负债表日会结转到盈余账户。

第7章

长期投资

NON-CURRENT INVESTMENTS

许多公司都以证券或者预付款的形式对其他公司投入大量资金。和普通证券投资者的行为一样，这些公司在市场上买入并持有那种可交易的证券，然后在一定时点上卖出以获取收益或市场利润。通常情况下，此类投资项将以“有价证券”的形式记入流动资产名下。

而其他投资项则往往与公司的业务范围有直接关系，包括关联或子公司的股票或债券投资，或向这些公司提供的贷款支持或预付款项。合并的资产负债表要扣减完全由拥有其全部股权的子公司所持有的证券，还要除去其全资子公司的真实资产和负债，就好比它们是母公司的一部分。但是，对于其拥有部分股权的子公司和关联企业，则可以将它们的状况反映在合并资产负债表的“长期投资和贷款”的科目下。

通常情况下，这些科目都以成本价的形式反映在资产负债表上，尽管它们通常是从依据其科目建立的准备金中予以扣除的；少数情况下，长期投资项可能会计入到累积利润中予以摊销。评估此类投资的真实价值往往是很难的。这些科目反映在资产负债表上的什么地方，很有可能最能说明问题，另外，下点功夫收集与这些科目相关的其他信息，也会很有帮助的。

某些投资科目介于普通有价证券及典型的不可流通的永久性投资科目之间。杜邦公司拥有通用汽车的大部分股份，或者是联合太平洋铁路公司持有大量其他铁路公司证券的事实便很好地说明了这种情况。此类控股将记入账户杂项资产上，而非流动资产项中。公司把这部分投资当做永久性的投资，但是若是处于某种目的（如计算每股流动资产时），将此类资产看作是等价于可交易的各种有价证券则是允许的。

专业解读 Professional interpretation

1. 本章所讲述的长期投资，在2006版颁布使用至今的企业会计准则中可细分成长期股权投资、可供出售金融资产、持有至到期投资三类。

2. 长期股权投资：是指为长期持有被投资单位的股份，成为被投资单位的股东，并意图通过所持有的股份，对被投资单位实施控制或施加重大影响，或为了改善和巩固贸易关系，或持有不易变现的长期股权投资等。

3. 可供出售金融资产：通常是指企业初始确认时即被指定为可供出售的非衍生金融资产，以及没有划分为以公允价值计量且其变动计入当期损益的金融资产、持有至到期投资、贷款和应收款项的金融资产。比如，企业购入的在活跃市场上有报价的股票、债券和基金等，没有划分为以公允价值计量且其变动计入当期损益的金融资产或持有至到期投资等金融资产的，可归为此类。

4. 持有至到期投资：是指到期日固定、回收金额固定或可确定，且企业有明确意图和能力持有至到期的非衍生金融资产。

5. 反映在会计报表中的长期股权投资，由于会计记账的历史成本原则，往往反映的是其取得时候的历史成本，经过一段时间以后，其并不能真实反映被投资公司的相应股份的真实价值，需要投资者进行更为深入的甄别，对被投资公司的背景资料、业务情况等进行详细了解，分析，从而推测出其真实的价值。其中可能隐藏着巨大的财富，但是也可能隐藏着未引爆的“地雷”。

由于创业板的推出，市场迎来中小企业上市潮，在已上市公司中，有不少公司持有准备上市的企业相应股权，这部分长期股权投资较初始投资成本而言其价值已经大幅增长，典型的我们可以看到如三一重工（600031）投资的三丰智能（300276）成功上市，股权价值增值不菲。

同时，谨慎分析长期股权投资中的被投资个体，往往可以提前规避风险，由于各种原因，被投资公司如果是非上市企业，投资者往往很难获得相关的真实信息，而上市公司出于种种考虑，除非迫不得已，往往并不会主动披露被投资公司的负面消息（需要计提相应的减值准备并影响上市公司的当期效益）。当实地调研的费用让普通投资者无法承受时，身处网络信息时代，我们也可以通过互联网的搜索功能，工商局相关查询网站，甚至更为私密的其他互联网工具（比如QQ、MSN等）来了解相关信息。

第8章

无形资产

INTANGIBLE ASSETS

顾名思义，无形资产，是指那些看不见还无法称重或测量的各项资产。最常见的无形资产包括：商誉、商标权、专利权以及租赁权等。稍微区别于商誉的会计项是持续经营价值，它的存在是一个公司成功运作和获取盈利的显著标志。公司的商标及品牌影响到商誉的好坏，一般被认为是商誉的组成部分。投资者，应该能够区别反映在资产负债表上的商誉价值——甚至压根没有反映在表上的价值——和该公司在证券市场股价中表现和反映出来的商誉价值的不同。

在资产负债表上对商誉的处理，随着公司性质的不同而差异极大。今天最习惯的做法是，要么完全不在财务报表中提及这项资产，要么只以名义价值1美元来入账。某些情况中，商誉实际上是以一定的价格从公司的既有经营者手中购买来的，因此借鉴其他的资产估值方法，对商誉进行评估是可行的。更多情况下，商誉最初是以完全人为设定的数值在账簿上记录的，这很有可能使得当时的公允价值被高估，而非被低估。

当今的主流趋势是不把商誉的价值计入到资产负债表上。许多最初拥有大量商誉价值的公司，都已经通过相应地调整他们的盈余账户或资本账户，将商誉价值调低至1美元。

商誉价值的调整并不意味着商誉不再像以前那样值钱了，实际上只是因为管理层决定执行更为保守的会计政策。这一点恰好说明了在公司会计实务中存在的诸多抵触和矛盾的其中一个问题。大多数情况下，在公司经营能力提升之后才会出现商誉价值的注销，实际上，相比最初状态而言，此时的商誉价值是有所提升的。

F.W. 伍尔沃思公司的情况便是一个很好的例子。

当F.W. 伍尔沃思公司的普通股最初上市时，公司在资产负债表上对其商誉定价为＄50,000,000，然而，当时的市场价格显示商誉仅值＄20,000,000。许多年以后，公司将其商誉价值调低至1美元（经过几次摊销），将＄50,000,000的商誉价值记录到累计盈余科目下。最后一笔注销发生在1925年，当时公司市值显示公众对该公司的商誉估值超过了＄300,000,000。

专利，不管怎么说，相对商誉来说，构成了一种更加明确的资产类型。但是，权衡一项专利在给定时点上的真实价值或合理价值，却是极为困难的，特别是因为对于公司依据其拥有的任何专利获取盈利的能力及其程度，我们往往知之甚少，资产负债表上所呈现的专利价值也无法说明这项资产真实的价值。

租赁科目是指长期具有租赁优势的租赁资产的货币价值，比如，以更低的租赁费租赁同样大小的房地产。不过，在房地产市场价值趋于整体下滑期间，长期租赁项则由资产变为了负债。因此对于任何有关租赁房产的估值，投资者应该相当谨慎。

总而言之，可以这样认为，如果无形资产在资产负债表上予以反映，那么事实上，这些资产往往不值这个价钱。这样的无形资产或许的确价值不菲，不过相关数值应该是体现在利润表上，而并非计入资产负债表中。换句话说，重要的是这些无形资产是否能够影响公司的盈利能力，而非它们体现在资产负债表上的账面价值。

专业解读 Professional interpretation

1. 在中国现行准则中，商誉已经从无形资产中剥离出来单独进行反映，在资产负债表的左下角也有专门的“商誉”项目列示。

2. 需要注意的是，根据中国会计准则，企业自身通过商标局申请注册的商标，申请的专利等并不能成为无形资产，无形资产里面反映的商标权、专利权等，一定是企业通过外部购买的形式形成的。

3. 商誉是指能在未来期间为企业经营带来超额利润的潜在经济价值，或一家企业预期的获利能力超过可辨认资产正常获利能力（如社会平均投资回报率）的资本化价值。商誉是企业整体价值的组成部分。在企业合并时，它是购买企业投资成本超过被合并企业净资产公允价值的差额。中国新准则第20号《企业合并》中规定：“购买方对合并成本大于合并中取得被购买方可辨认净资产公允价值份额的差额应当确认为商誉。”需要注意的是，现行情况下，商誉往往产生在非同一控制下的企业合并中，通俗的讲，购买方支付的购买价格超过被出售标的公司的公允价值部分被确认为商誉。

4. 目前中国会计准则是要求必须反映商誉的价值，并在每一会计期末进行资产减值测试，如果对应资产发生减值迹象，则需要计提相应的商誉减值准备计入当期损益，进而影响盈余账户甚至资本账户中的资本公积项目。在极端情况下，被合并标的公司不断减值的情况下，商誉会减计到0。

早期的会计准则包括本书所述的1935年美国相关会计准则，对于商誉是要求其在一定年限内像固定资产一样进行摊销。所以会出现作者所述情况。

5. 无形资产的价值，由于该类资产的特殊性，市场中往往很难找到同类资产的参考价格，所谓的公允价值，一般是采取资产评估机构给出的评估值，在评估值的计算过程中，存在大量的假设前提，加之资产评估机构的独立性有待加强。在无形资产的交易过程中，价格往往容易被操纵，从而形成利益输送。

第9章

预付费用

PREPAID EXPENSES

通常情况下，公司会为某项特定时期内可以享受到的服务或产品提前付款。譬如，公司可能会租用一幢建筑物，并为之预先支付＄50,000的年租金。在该年年初的资产负债表上，会将这＄50,000记录在资产项——预付账款的科目下。之后每个月将从当月的盈余收益账户中扣除这一数值的1/12，并同时从预付租金中减去相应的金额。因此，在结算年末，＄50,000的预付租金将被注销，此时的资产负债表上不再有此类科目记录。年中的资产负债表中则可能会反映——预付租金……＄25,000。

同样，公司可能会提前支付特定时期内借贷资金的利息。结算期初时，预付利息将会全额记录在资产负债表上，随着借贷资金的使用，该科目金额将会逐渐被注销掉。有时候，税款及工资实际上也是可以预先支付的，这些科目都按相同的方法进行处理。一份价值$40,000的1937年整年的广告合同可能会被预先支付。截止到1936年12月31日，资产负债表上会显示$40,000为预付广告费用,这些费用将会在1937年全年逐渐被注销。大部分公司会购买这种或那种保险，他们一般也会预先支付相应的保险费用。而预付保险费用在结算期初将会以保险费科目全额记入资产负债表，随着保险期限的临近，相应数值将逐渐降低。

通常情况下，大型公司的资产负债表会将所有的预付科目汇总，设立为一笔款项，反映在预付费用账户上。就预付费用的性质而言，其仅占公司总资产的很小一部分。在分析资产负债表时，预付费用科目往往无关紧要，除非它反映了公司经营过程中的一些重大信息。

第10章

递延费用

DEFERRED CHARGES

通常，递延费用指的是公司在生产经营过程中发生的、将在今后特定时期内予以分期摊销，而不是立即一次性地从当年的盈余收益账户中予以扣除的各项费用。这些费用将以递延费用的科目记入资产负债表中的资产方。表面看起来，递延费用与预付费用十分相似。事实上，预付费用可以看成是一种特殊的递延费用：（1）公司有法定权利预先支付某些服务款项；（2）费用将在享受服务的特定时期内逐渐注销。而一般情况下，递延费用并不表示公司对发生在本期的服务费用进行的提前支付，他们可以以公司赚取的稳定收益的任何比率予以注销。

譬如，公司预先支付了$50,000的房屋租金（参见第9章内容），同时也产生了$15,000的搬迁费用。该费用并不会从公司搬迁当月的收益账户中扣除，取而代之的是，公司可能会将该费用设为递延资产项，并在特定时期内予以注销。只要公司不再搬迁，便可以享受搬迁费用所带来的好处，而相应的会计处理是将这笔递延费用逐渐地给注销掉。

通常情况下，公司成立时所产生的费用便可设为一项递延费用，记为开办费用。同样的，发行债券时产生的费用，尤其是当公司赚取实际价格与票面价值之间的差价时，也会以递延费用予以反映，记为未摊还公司债券折价（或溢价）。而后者则会在发行债券存续的偿还期内逐渐予以摊销（不过，在许多情况下，几乎所有的债券折扣总是会立即从盈余中扣除，否则剩下的债券折扣将会在认为确定的时间内被注销掉），而其他递延费用的注销则没有统一的会计处理方法。

尽管这些递延资产记录在资产负债表的资产项中，却不属于有形资产的范畴。事实上，一般的递延费用和商誉是一样的，几乎是看不见、摸不着的。

1. 上述两段所述的预付费用、递延费用，按照中国会计准则，应理解为“待摊费用”科目。需要注意的是，在会计期末，资产负债表并没有相应的“待摊费用”项目，待摊费用余额往往列示在“预付账款”或“其他应收款”项目下。

2. 在经营形势良好、企业效益增长的情况下，企业管理者往往倾向于将预付费用一次性计入相关费用、成本中。反之，在企业经营形势恶化、效益滑坡的情况下，企业管理者更愿意通过各种方法将一次性的费用计入待摊费用中，以减少对企业利润的冲击。

第11章

流动资产

CURRENT ASSETS

流动资产是指可以立即变现，抑或按照既定的业务流程，将会在一段极短的时间内转换为现金的资产项（通常设定的时限为一年）。有时，这些资产也称为易变现资产，即可兑现的资产，抑或浮动资产。流动资产分为三类：（1）现金及现金等价物；（2）应收账款，即公司出售货物及提供服务的到期应收款项；（3）待销售的存货，或者可转换为货品或服务的库存。在公司经营过程中，这些资产逐渐转化为现金。譬如，在稍后的资产负债表记录中，现有的存货可能会转换为现金及应收款项，而现有的应收账款则可能变为现金。通常情况下，流动资产在资产负债表中的显示取决于其流动程度。

为了更详细地说明，下列列举了流动资产的主要科目。为了方便起见，资产分类涵盖了上述所提及的三种情况：

（1）现金及现金等价物

现有现金或银行存款（包括大额定期存单）

活期贷款
定期放款 }（由可交易的有价证券作为担保）

政府和市政债券

其他可交易的有价证券

特别存款

保险退保解约金值

（2）应收款项

应收账款

应收票据

应收利息

代理（商）到期应付账款

无法测算的服务费（公用事业公司）

（3）存货

制成品（可销售的）

在制品（可用于加工的）

原材料及储备（可用于生产消费的）

某种应收账款可能相对来说是非流动的——比如，到期应付给管理人员和雇员的数额，包括认购股票。假如公司无法在一年内收到此类到期款项，通常情况下，要将这些科目从流动资产中分离出来，单独处理。

另一方面，按照惯例，将分期应收账款全额记入流动资产科目，即使其中相当一部分的款项可能会在自资产负债表结算日起的一年后才到期。同样，全部商品存货也属于流动资产范畴，尽管其中一部分货品的周转速度可能会较慢。

1. 流动资产：按照中国现行会计准则，流动资产包括货币资金、交易性金融资产、应收票据、应收账款、预付账款、应收利息、应收股利、其他应收款、存货、一年内到期的非流动资产、其他流动资产。

2. 分期应收账款：根据新会计准则规定，由于分期收款销售商品核算方法与以前不同，新增加科目“长期应收款”。企业应设置“长期应收款”科目，本科目核算企业融资租赁产生的应收款项和采用递延方式分期收款、实质上具有融资性质的销售商品和提供劳务等经营活动产生的应收款项。“长期应收款”划分至非流动资产项目。

第12章

流动负债

CURRENT LIABILITIES

与流动资产相对应，位于资产负债表另一方（右边）的是流动负债。这些负债多数是指公司在正常经营过程中产生的契约债务，而且这些债务将在一年内到期。此外，其他一年内到期的债务也属于流动负债的范畴。构成流动负债比较重要的部分可归结为以下内容：

应付票据、汇票或贷款（包括银行贷款，公开发行的商业票据[①]等）

应付承兑票据

应付账款

应付股息和利息

债券、抵押债券或一年内分期分批偿还的债务，包括那些称为赎回债务的品种。

预收账款（对消费者、关联公司、股东等等）

消费者存款

未领取的支票及退款

应计利息、应计工资和税款

联邦税准备金

---

① 商业票据：一种无抵押的短期融资工具，由公司等商业组织发行，一年内到期，是货币市场的一种交易品种。

1. 根据中国现行会计准则，流动负债主要包括的科目如下：短期借款、交易性金融负债、应付票据、应付账款、预收账款、应付职工薪酬、应交税费、应付利息、应付股利、其他应付款(根据中国新会计准则，预提费用科目的业务现应计入 “其他应付款”科目。)、一年内到期的非流动负债、其他流动负债。

2. 对于负债，企业会计准则是这样定义的：是指企业过去交易或事项形成的、预期会导致经济利益流出企业的现时义务。负债是企业承担的，以货币计量的在将来需要以资产或劳务偿还的债务。它代表着企业偿债责任和债权人对资产的求索权。负债一般按其偿还速度或偿还时间长短划分为流动负债和长期负债两类。

3. 短期借款是指企业借入的还款期限在一年或超过一年的一个营业周期内的各种借款。例如，工业生产周转借款、临时借款等。

交易性金融负债是指企业采用短期获利模式进行融资所形成的负债，比如短期借款、长期借款、应付债券。作为交易双方来说，甲方的金融债权就是乙方的金融负债，由于融资方需要支付利息，因比，就形成了金融负债。交易性金融负债是企业承担的交易性金融负债的公允价值。

应付票据是指企业在生产经营过程中对外发生债务时所承兑的汇票，包括银行承兑汇票和商业承兑汇票。

应付账款是指企业生产经营过程中因购买材料、商品和接受劳务供应等发生的一项流动负债。

1. 营运资金可以用来衡量公司或企业的短期偿债能力，其金额越大，代表该公司或企业对于支付义务的准备越充足，短期偿债能力越好。当营运资金出现负数，也就是一家企业的流动资产小于流动负债时，这家企业的营运可能随时因周转不灵而中断。一家企业的营运资金到底多少才算足够，才称得上具备良好的偿债能力，是决策的关键。这往往需要参考同行业公司的相关指标，才能得出一个相对的结论，偿债能力的数值若是换成比例或比值进行比较，可能会出现较具意义的结论。

2. 速动资产是指可以迅速转换成为现金或已属于现金形式的资产,各种教材对速动资产有不同的定义,速动资产=流动资产-存货 或：速动资产=流动资产-存货-预付账款-待摊费用等；我们在做分析时，需要针对不同行业的具体性质来分析其流动资产转换为现金的速度，选择使用公式更为适宜。但是对进行比较的公司应保持选用公式的一致性。

第14章

流动比率

CURRENT RATIO

资产负债表分析中最常使用的指标是流动资产与流动负债之比，通常将此比率称为流动比率。总流动资产除以总流动负债得出流动比率。譬如，假设流动资产总额为$500,000，流动负债总额为100,000，那么此时的流动比率就是5:1，或简单地说，就是5。当一家公司的财务状况比较稳健，流动资产远远大于流动负债时，这说明公司在流动负债到期时，可以轻松自如地偿还债务的利息。

流动比率为多少才算合理呢？这取决于公司的经营性质，没有一个统一的标准。一般而言，公司流动资产的流动性越强，其流动比率可以越小。通常情况下，对铁路及公用事业公司的流动比率要求不高——主要是因为这些领域的公司拥有较少的存货，其应收账款可以迅速收回。在工业公司中，流动比率为2通常被看成是一种最低标准。不过，事实上，几乎所有公司在公开报告中所披露的数字都远远超出了这个数值。附表中显示了各种行业近期的总体流动比率情况。

通常，在进一步分析公司的流动比率时，应该单独考虑存货的情况。习惯做法是，要求现金科目以及应收账款之和应该超出所有的流动负债（目前倾向于用“速动资产”代替流动资产，即将存货排除在外）。假设存货易于销售，尤其是当公司性质决定产品销售存在季节性特征时，公司无法满足“速动测试”的要求就变得无关紧要了。

然而，在类似的情况中，仍须进行深入细致的研究调查，以确定该公司短期的财务状况是否良好。

流动比率

1935年会计年度末

公司数量	行业	比率	公司数量	行业	比率
18	烟草	14.4	14	铁路设备	5.2
7	针织品	7.9	8	集装箱	5.1
5	农场设备	7.7	15	百货公司	5.0
8	鞋业和皮革	7.7	22	钢铁	4.9
8	电气设备	7.4	7	无线电	4.6
20	化工	6.9	34	汽车零部件	4.4
20	家用产品	6.9	26	采矿	4.3
12	出版业	6.9	7	发酵业	4.2
11	办公设备	6.6	4	邮递	4.2
20	建筑设备	6.4	6	造纸	3.9
23	制造业	6.3	7	食品连锁业	3.8
8	服饰	6.0	26	石油	3.8
21	工业机械	6.0	8	海运	3.7
8	各种连锁业	6.0	4	丝绸制品	3.6
7	肉类包装	5.9	7	棉花制品	3.5
5	羊毛制品	5.9	4	奶制品	3.5

13	食品……………5.7	13	汽车业…………3.0
9	制糖……………5.7	10	煤………………3.0
7	航空……………5.6	8	电影……………2.8
13	药品与化妆品…5.5	22	公用事业………1.9
9	橡胶与轮胎……5.3	25	铁路……………0.7

1. 不同公司的流动比率在不同时期会有所不同，比如季节性销售的公司，则该比率的波动会很大，这种波动通常可以认为是正常的。但是，如果我们分析的公司不存在季节性销售等因素，该比率的异常波动通常意味着该公司的销售遇到了麻烦。可能的情况是产品无法如期销售导致库存大幅增加，或者大面积坏账出现导致应收账款迅速增长。

2. 流动比率

2010、2011年会计年度末A股市场（wind数据）

行业	流动比率（算术平均）		流动比率（整体法）	
	2010.12.31	2011.12.31	2010.12.31	2011.12.31
Wind基础化工	7.3494	7.9284	8.7781	9.1318
Wind化纤	7.4229	9.1801	6.4879	7.3678
Wind多元化工	4.697	3.2635	4.2325	3.7476
Wind化肥与农用化工	5.285	5.2342	5.6021	5.5504
Wind工业气体	10.0289	9.7296	10.0289	9.7296
Wind特种化工	4.5193	4.0222	7.055	5.6527
Wind建材	3.5366	3.1326	7.7999	7.2187
Wind容器与包装	4.0204	4.053	5.2558	5.0016
Wind金属、非金属与采矿	5.2531	5.519	6.1385	6.064
Wind纸与林木产品	3.8706	3.3207	3.8626	3.5579
Wind航天航空与国防Ⅲ	1.6365	1.5563	2.4271	2.2478
Wind建筑产品Ⅲ	3.3996	2.9078	5.2104	4.9724

续表

行业	流动比率（算术平均）		流动比率（整体法）	
	2010.12.31	2011.12.31	2010.12.31	2011.12.31
Wind建筑与工程Ⅲ	4.2022	3.3652	30.1696	17.6237
Wind电气设备	2.4007	2.2918	4.5507	4.1513
Wind综合类Ⅲ	1.8592	1.6383	4.691	9.0766
Wind机械	3.6103	3.4103	3.7536	3.5239
Wind贸易公司与工业品经销商Ⅲ	6.2648	6.5338	34.7723	2872.411
Wind商业和专业服务	2.5358	2.1436	10.0299	211.943
Wind运输	22.2669	20.6527	21512.43	991.7923
Wind汽车与汽车零部件	9.5719	8.7693	6.5984	6.1736
Wind耐用消费品与服装	4.5605	4.0894	5.0879	4.9925
Wind消费者服务Ⅱ	1.512	1.1109	38.8585	53.3624
Wind媒体Ⅱ	4.0961	3.7857	8.3422	237.5013
Wind零售业	7.4549	7.1493	18.4017	19.2096
Wind食品与主要用品零售Ⅱ	7.4721	7.0829	9.3064	8.9432
Wind食品、饮料与烟草	3.2395	3.8198	4.2839	4.5329
Wind家庭与个人用品	3.0368	2.8979	4.2321	4.2068
Wind医疗保健设备与服务	3.6525	3.7226	5.8013	5.9004
Wind制药、生物科技与生命科学	3.6164	3.3915	3.6718	3.4387
Wind多元金融	0.9458	5.2615	1.9044	4.7325
Wind房地产	0.2904	0.2404	18.4864	7.4595
Wind软件与服务	4.4985	4.2126	44.8989	42.9229
Wind技术硬件与设备	5.663	5.3004	6.1894	6.7704
Wind半导体与半导体生产设备	4.6455	4.4689	58.1403	75.972
Wind电信服务Ⅱ	39.3994	35.6406	115.5751	99.8327
Wind公用事业	14.2211	12.8617	50.3947	61.3151

第15章

存货

INVENTORIES

公司拥有大量的存货不是件好事情。严格来说，这种判断并不总是对的，因为存货属于资产的一部分。一般而言，公司拥有的存货资产越多，对公司也就越有利。然而，拥有大量的存货常常会引起这样或那样的问题，因为这会产生大量的银行借款，或者过多地占用了公司的现金资产，而一旦物价下跌，则会导致公司严重亏损。

理论上而言，存货也同样可以创造丰厚的利润。不过，实践结果表明，存货产生的利润常常低于其亏损数额。而异常的大量存货意味着大部分商品可能是不适合销路的，为了使这些产品销售出去，大幅度调低价格是不可避免的。

多种因素影响着存货数量的多少。主要的判断标准在于“存货周转率”——周转率等于销售收入除以存货数量[①]。各种行业的判断标准大相径庭。下表中对不同行业的存货周转率做出了相应的说明：

---

① 实际的存货周转率等于销售成本除以存货余额，不过习惯做法是将销售收入总额代替销售成本。因此，得出的存货周转率总是大于实际的数值。

存货周转率（1934年）

（年销售收入除以年末存货）

公司数量	行业	比率	公司数量	行业	比率
58	丝绸制品	10.1	193	百货公司	5.9
82	制鞋业	9.4	39	化工	5.6
39	电气设备	8.7	34	造纸	5.5
34	汽车零部件	8.1	40	皮革	4.9
54	棉花制品	8.1	23	鞋业（零售）	4.9
51	油漆业	7.6	33	出版业	4.8
94	针织品	7.2	42	五金工具	3.7
34	家具	6.0			

当销售收入数据无法获知时，想要恰如其分地对存货情况做出分析，就变得困难起来。然而，逐年对公司的存货情况进行分析，把它们做一下纵向比较，如将该数值对比其他的财务指标，对比净利润，对比其他流动资产和营运资金等，这是很有帮助的。下表显示了各个行业在1935年年末的存货占流动资产总值的百分比情况。

存货占总流动资产比例

行业	比例	行业	比例
电影	68.9	工业机械	42.0
烟草	68.2	服饰	41.6

羊毛制品……………65.8
各种连锁业…………65.4
食品连锁业…………64.2
棉花制品……………59.0
肉类包装……………57.7
钢铁…………………57.4
邮递…………………56.1
橡胶与轮胎…………53.3
采矿…………………51.6
造纸…………………51.3
鞋业和皮革…………49.8
制糖…………………49.8
家用产品……………49.2
石油…………………48.7
集装箱………………46.5
针织品………………46.4
丝绸制品……………46.2
制造业………………44.8
百货公司……………42.7
建筑机械……………41.0
汽车业………………40.7
食品…………………39.5
药品与化妆品………38.7
农场设备……………38.6
办公设备……………37.1
电气设备……………37.0
汽车零部件…………35.6
化工…………………34.4
航空…………………32.6
发酵业………………31.8
奶制品………………29.2
煤……………………28.1
出版业………………27.8
铁路…………………26.5
无线电………………25.6
无线电设备…………25.5
海运…………………18.2
公用事业……………17.6

专业解读 Professional interpretation

1. 存货是指企业在日常活动中持有以备出售的产成品或商品、处在生产过程中的在产品、在生产过程或提供劳务过程中耗用的材料、物料等。

存货区别于固定资产等非流动资产的最基本的特征是，企业持有存货的最终的目的是为了出售，不论是可供直接销售，如企业的产成品、商品等；还是需经过进一步加工后才能出售，如原材料等。

2. 在中国，存货周转率是企业一定时期主营业务成本与平均存货余额的比率。用于反映存货的周转速度，即存货的流动性及存货资金占用量是否合理，促使企业在保证生产经营连续性的同时，提高资金的使用效率，增强企业的短期偿债能力。

存货周转率是企业营运能力分析的重要指标之一，在企业管理决策中被广泛地使用。存货周转率不仅可以用来衡量企业生产经营各环节中存货运营效率，而且还被用来评价企业的经营业绩，反映企业的绩效。

存货周转率（次数）=销货成本/平均存货余额

其中：平均存货余额 =（期初存货+期末存货）÷ 2

实际的存货周转率等于销售成本除以存货余额，不过习惯做法是将销售收入总额代替销售成本。因此，得出的存货周转率总是大于实际的数值。

存货周转率

2010、2011年会计年度末A股市场（wind数据）

行业	存货周转率（整体法）		存货周转率（算术平均）	
	2010.12.31	2011.12.31	2010.12.31	2011.12.31
Wind基础化工	0.9385	0.9914	3.2876	4.5209
Wind化纤	1.1224	1.0683	1.7882	3.0869
Wind多元化工	1.1654	7.3338	1.4355	16.7634
Wind化肥与农用化工	1.0956	1.0303	2.2426	1.9083
Wind工业气体	0.8172	20.8181	0.8172	20.8181
Wind特种化工	2.1564	1.9258	7.3129	6.488
Wind建材	1.0024	1.019	1.6145	1.9516
Wind容器与包装	1.5318	1.3749	3.1077	2.5991
Wind金属、非金属与采矿	0.9373	0.9166	2.314	2.4067
Wind纸与林木产品	0.9643	0.9423	1.4797	1.7268
Wind航天航空与国防Ⅲ	2.0442	1.9736	5.4925	5.0387
Wind建筑产品Ⅲ	1.1268	1.3681	1.8741	2.2107
Wind建筑与工程Ⅲ	1.1872	1.1905	1.5432	1.8108
Wind电气设备	1.4517	1.5311	3.3776	3.5176
Wind综合类Ⅲ	1.3259	1.2865	1.4668	2.2346
Wind机械	1.3698	1.4263	2.5191	2.9661
Wind贸易公司与工业品经销商Ⅲ	1.1943	1.2368	1.9259	1.8207
Wind商业和专业服务	1.8911	2.2517	3.1722	3.4586
Wind运输	0.8274	0.7932	2.083	2.0782
Wind汽车与汽车零部件	1.1506	1.1838	1.6365	1.9076
Wind耐用消费品与服装	1.3317	1.3403	3.202	3.4555

续表

行业	存货周转率（整体法）		存货周转率（算术平均）	
	2010.12.31	2011.12.31	2010.12.31	2011.12.31
Wind消费者服务Ⅱ	1.4564	1.4957	1.6288	2.1143
Wind媒体Ⅱ	1.8327	2.0175	4.6023	3.0201
Wind零售业	1.0168	1.0397	1.0823	1.1643
Wind食品与主要用品零售Ⅱ	1.1477	1.1482	1.6881	1.7286
Wind食品、饮料与烟草	1.4746	1.5078	3.2481	3.0321
Wind家庭与个人用品	1.5386	1.4109	2.058	1.8423
Wind医疗保健设备与服务	3.6507	3.6013	5.6648	7.5755
Wind制药、生物科技与生命科学	2.0281	2.0594	5.0412	6.55
Wind多元金融	1.1555	1.5257	1.0445	1.4929
Wind房地产	1.7809	1.6167	2.2502	1.9106
Wind软件与服务	3.0838	3.3407	7.5902	7.7333
Wind技术硬件与设备	1.8258	1.6842	4.6378	4.8567
Wind半导体与半导体生产设备	1.8092	1.381	4.1564	6.1301
Wind电信服务Ⅱ	0.235	0.2022	10.8063	10.336
Wind公用事业	0.3832	0.4478	1.1466	1.0405

3. 中国证券市场上著名的蓝田股份（以农业为主的综合性经营公司），其造假行为被揭露之前，即有专业人士质疑其异常的存货周转率，其存货（应主要是未收成的种养物等）的周转率居然能与快速周转的商业类公司比肩。其后不久，蓝田股份即被监管机构调查。

第16章

应收账款

RECEIVABLES

应收账款的相对数额随着行业类型及会计处理惯例的不同而变化极大。同样，在特定行业，应收账款容易受到银行信贷条件的影响。当公司对外扩张，且扩张幅度大于银行对客户的赊销额度，同时银行信贷处于紧缩时期，此时公司的应收账款数量会随着公司的扩张而相应增加。与存货的情形类似，研究应收账款时，也应该将其与公司的年销售收入一起进行分析，并同时对比应收账款逐年的变化值。假设相对于销售收入抑或其他会计科目，公司拥有异常高的应收账款，这意味着公司此时实行的是一种宽松的信贷政策，可能会因为坏账引发一定程度上的亏损。

对于出售货物收款周期较长的公司而言，应该详细审查其应收账款。这种公司涉及百货公司、信用连锁店、某些邮购公司及多种机器设备制造商（如农具、卡车以及办公设备等）。许多此类分期付款的实施是通过信贷或财务公司进行的，这些财务公司在销售者提供票据或担保的情况下，提前垫付资金以进行融资。制造公司的应收账款常常以“回购协议”的形式被出售给信贷公司，在这种情况下，属于信贷公司的应收账款以及债务都不会体现在相关制造公司的资产负债表上，而是用脚注予以说明。分析资产负债表时，必须像对待资产与负债一样，给予此类折价的应收账款以充分的重视。

专业解读 Professional interpretation

1. 应收账款（Receivables）：账户核算企业销售商品、材料、提供劳务等，应向客户单位收取的款项，以及代垫运杂费和承兑到期而未能收到款的商业承兑汇票。应收账款是伴随企业的销售行为发生而形成的一项债权。因此，应收账款的确认与收入的确认密切相关。通常在赊销并确认收入的同时，确认应收账款。该账户按不同的购货或接受劳务的单位设置明细账户进行明细核算。

2. 应收账款回收的不确定性，使其往往成为定时炸弹，一旦行业形势逆转或者整体经济环境变差，大量的应收账款无法如期收回往往使公司流动资金紧张而陷入财务困境，甚至不得不进入破产重组。

对应收账款的分析，我们还应该结合会计报表附注中的账龄分析以及其他资料具体进行。对其中账龄时间较长的应收账款应保持足够的警惕，这些款项往往成为无法收回的坏账在某个时点计入利润表的相应科目从而减少当期利润。

账龄分析表自身存在一定的逻辑关系，比如本年第N年账龄金额应大于或等于N-1年账龄金额，另外，应收账款与收入密切相关，将会计报表附注中的应收账款相关资料与收入资料进行对比也往往能发现有价值的信息。比如国内某工程机械企业在2011年度财务报表披露以后，即被财经媒体质疑其财务报表的可信度，其中重要的质疑点即来自其应收账款与营业收入相关信息的逻辑矛盾。

第17章

现金

CASH

将现金，其他现金资产抑或现金等价物区分开来是毫无意义的。这些现金类资产由诸如定期存款、短期贷款，以及有价证券等资产组成。实际的会计实务中，各种现金资产是可以相互转换的。理论上，公司所持有的现金量不应该超过公司正常经营抑或经营过程中可能产生的意外需求的数量。然而，过去几年，公司倾向于持有超出经营需求的现金数量，而这些现金盈余大部分是以有价证券的形式存在的。通常情况下，这部分短期投资的回报率较低。有价证券可以产生大量的利润（或亏损），这取决于证券市场的波动情况，然而这样的业务操作实际上并不属于公司正常经营或生产业务的组成部分。

当公司缺乏现金时，其常常会诉诸于银行贷款。因此一般情况下，判断公司财务状况疲软与否，更大程度上可能取决于公司是否存在大量的银行贷款，而并非是否缺乏现有现金。在公司经营的萧条时期，观察逐年的现金账户就显得特别重要。某些公司即使在经营亏损时，也不惜通过清算大部分资产尤其是存货和应收账款来增加现金流。向银行大量地借款，也说明了同样的问题，即公司严重缺乏现金。在此期间，资产负债表上的损失所反映出来的事实，相比损失本身而言，可能会更为重要。

通常情况下，当公司持有的现金数额相对于其证券市值极其庞大时，就需要引起特别的注意了。在这种情况下，普通股的价值可能会超出报表上披露的收益，因为此时，大部分价值是以现金持有物（或现金等价物）的形式体现出来的，并没有直接反映在收益账户上。最终，无论股东是通过分红，还是将现金再投资到公司经营中去，他们总有可能享受到这些现金资产所带来的权益。

1. 现金，在资产负债表中含义很简单，通俗的讲是持有的货币现钞，本文讲的现金应为“现金流量表”中“现金以及现金等价物”概念。

2. 现金流量表中的“现金”，不仅包括“现金”账户核算的库存现金，还包括企业“银行存款”账户核算的存入金融企业、随时可以用于支付的存款，也包括“其他货币资金”账户核算的外埠存款、银行汇票存款、银行本票存款和在途货币资金等其他货币资金。应注意的是，银行存款和其他货币资金中有些不能随时用于支付的存款，如不能随时支取的定期存款等，不应作为现金，而应列作投资；提前通知金融企业便可支取的定期存款，则应包括在现金范围内。

3. 现金流量表中的现金等价物是指企业持有的期限短、流动性强、易于转换为已知金额现金、价值变动风险很小的投资。现金等价物虽然不是现金，但其支付能力与现金的差别不大，可视为现金。如企业为保证支付能力，手持必要的现金，为了不使现金闲置，可以购买短期债券，在需要现金时，随时可以变现。一项投资被确认为现金等价物必须同时具备四个条件：期限短、流动性强、易于转换为已知金额现金、价值变动风险很小。其中，期限较短，一般是指从购买日起，三个月内到期。例如可在证券市场上流通的三个月内到期的短期债券投资等。

4. 我们需要注意现金造假的情况，著名的蓝田股份公司在被监管机构查处以后发现，其在股票发行申请材料中，伪造有关批复和土地证，虚增公司无形资产1100万元，伪造3个银行账户1995年12月的银行对账单虚增银行存款2770万元。

第18章

应付票据

NOTES PAYABLE

计算流动负债的总额，只有在与流动资产相比较时，才具有意义。你已经了解到流动比率（流动资产总额比流动负债总额）的重要性，以及拥有多于流动负债的流动资产（不包括存货）的可取之处。

流动负债中最重要的一个会计科目是应付票据。应付票据通常指的是银行贷款，但也可以说明来自关联公司和其他个体的应付货款或借款。向银行贷款，这一事实本身并不表示公司的财务状况出现了问题。一些季节性的借贷，如能够在销售旺季结束后予以还清，则对公司和银行而言都是可取的。然而或多或少、数量不等的长期银行贷款，即使金额远低于流动资产数值，一定程度上仍然说明公司对此类债券或股票性质的长期资本是有需求的。

我们应对资产负债表上的应付票据给予足够多的重视。假设公司的应付票据，相对于现金流量而言，微不足道，那么在通常情况下，这些应付款项对公司财务状况的影响相对较小。不过假设借贷超过了现金和应收账款的总和，很明显，此时公司对于银行贷款的依赖性较重。除非存货具有极好的流动特性，否则这可能就是公司财务状况不够稳健的明证。这种情况下，应该研究公司历年的银行贷款情况，以判断其增速是否超过销售及利润的增速。如果事实的确如此，那么就可以确定公司的财务状况已经出现疲软状态。

专业解读 Professional interpretation

应付票据，是指企业在商品购销活动和对工程价款进行结算因采用商业汇票结算方式而发生的，由出票人出票，委托付款人在指定日期无条件支付确定的金额给收款人或者票据的持票人，它包括商业承兑汇票和银行承兑汇票。常见的是6个月期限的银行承兑汇票。根据目前中国票据法规，申请开具银行承兑汇票，银行根据企业资信情况，会要求企业提供比例不等的承兑保证金，该笔保证金可能低至10%一下，如此一来，应付票据对于企业来说其实相当于一项6个月的短期借款。

第19章

准备金

RESERVES

将准备金划分为三类是很有意义的：（a）某种负债性的准备金；（b）可抵消某种资产损失的准备金；以及（c）真正以盈余形式保留的准备金。

第一类的准备金是为支付税收、意外索偿以及其他未决诉讼和对顾客的退款等科目而设立的。这些科目很大程度上属于流动负债的范畴，尽管在某些情况下，它们在资产负债表上与流动负债科目是分开的。

最重要的备抵准备金要属我们之前讨论过的补偿折价与折耗科目的补偿准备金。作为财产账户的扣减额，这些准备金科目既可以放在资产负债表的资产方，也可以放在负债方。另一种备抵准备金是应收账款损失准备金，又称坏账准备金。通常情况下，坏账准备金是直接从应收账款及票据中扣除的，而相应扣除的数值不会在表中反映出来。

第三类重要的备抵准备金，就是为了存货价格的下跌而设立的。在处置这种准备金时，至关重要的是要了解它反映的是已经发生的实情还是仅仅是一种可能性。如果是前者，就必须把存货减少的价值从准备金数额中做出明确的扣除。如果设立准备金仅仅是为了预防将来存货价值的可能损失，那么就只能把它当成一个临时准备金账户看待，这个账户实际上就是盈余账户的一部分。在对可交易的有价证券和其他投资计提准备金时，也应按照同样思路进行分析。在这里，考察它反映的是过去实际发生的价值损失还是将来可能产生的价值损失，同样是至关重要的。

公司财务报表中的意外开支准备金及其他类似的准备金科目，常常使得阅读者迷惑不解，因为各种损失发生的时间被混淆了。假设公司在某一年为将来可能的存货价值损失设立了准备金，那么将对应准备金从盈余部分中提取而不是从收益相对应的费用账户头上计提，就显得更为合理，因为此类损失实际上并没有发生。不过假设公司在第二年，确实产生了存货折价损失，此时则应该从意外开支准备金中做相应扣除。这种处理方法可能产生的后果便是，尽管的确出现了折价情况，然而并没有从任何一年的收益账户中做出减值操作，因此该公司的收益被高估了。

譬如，假设公司的利润表中显示有$2,000,000净收入，不过年末的资产负债表上却没有显示上年已经提取的$6,000,000准备金。那么，合理的结论或许会是当年公司的折价或损失金额实际上为$4,000,000。有时候，一笔准备金也会重新结转到盈余账户。当然，假如$6,000,000准备金全部计入盈余，那么相应部分则会显示此项增加值，从而公司$2,000,000的净收益或利润则会被当成是正常的数值。

为了避免受到这种会计处理技巧的欺骗，投资者必须查看公司连续几年的收益和盈余账户，把这段时期内，公司实际产生的业务损失从盈余或准备金中做相应的扣除。

在工业领域的会计实务中，经常会设立存货折价准备金（比如橡胶生产领域），投资者尤其应该注意，不要过分夸大了单一年份盈余收益的重要性。

有些时候，资产负债表上还包括诸如“厂房设备改良准备金”、“营运资金准备金”、“优先股退股准备金”等科目。此类准备金项既不属于债务类，又不指代任何资产的扣减额。设立这些准备金科目的目的常常在于说明，这些资金是不会分配给股票持有者的，而即使要做出分配，相应的准备金项可能以“提存盈余（或专项公积金）”的形式予以处理。

第20章

账面价值或净值

BOOK VALUE OR EQUITY

大部分情况下，证券的账面价值仅是一个人为的数值。假设公司要资产清算，那么公司账本上各种各样的有形资产将转换为现金，而各种证券按它们到期偿付的顺序，分别计算出它们的索偿数额，这就是它们的账面价值（从这个意义上来说，“净值”的使用比账面价值更为频繁。然而，这仅适用于普通股以及投机性的高级证券）。

事实上，公司资产的实际清算价值很有可能会远低于资产负债表上所显示的账面价值。存货折价销售时所产生的损失是可评估的，此时固定资产值很大程度上将会承受较大比例的缩水。在实际情况中，一旦出现了导致公司做出破产清算决定的不利条件，这时候要想获得机器设备的短期成本或重置价值，几乎是不可能的。

因而，账面价值实际反映的，不是股东能从他们拥有的企业（破产清算价值）中能够得到的部分，而是指他们投入企业的份额，包括未分配收益。在分析财务报表时，不可忽视账面价值的影响，因为公司的投入资金与它所获得的平均收益之间并不存在紧密的联系。事实上，在许多个案分析中，我们发现资产规模小的公司同样能够获得丰厚的利润，而资产规模大的公司不一定就拥有较强的盈利能力，其盈利可能较低，甚至没有利润可言。然而在这些案例中，需考虑公司的账面价值情况。因为高投资回报率的行业很可能会招致竞争，有时，小公司赚取丰厚利润的情况可能仅是暂时的；同样，资产规模大的公司暂时会没有利润，但这并不表示这些公司将来就不会产生可观的盈利。

第21章

计算账面价值

ACLCULATING BOOK VALUE

正如之前所提到的，在计算账面价值时，其假设的前提是公司资产与资产负债表上显示的数值相等。的确，账面价值仅仅意味着账簿或资产负债表上所显示的数值。

举个简单的例子，公司的资产负债表内容如下：

固定财产	$1,000,000	股本	$1,700,000
商誉	$500,000	盈余	$100,000
流动资产	$500,000	流动负债	$200,000
	$2,000,000		$2,000,000

在这个案例中，股本指的是17,000股面值为$100的普通股价值。为了计算普通股的账面价值，应将$100,000的盈余与$1,700,000的股本价值加起来，得到$1,800,000。此时，观察资产负债表上资产方的无形资产科目，你会发现商誉价值为$500,000。那么，从$1,800,000中减去商誉的价值，即减去$500,000，剩下$1,300,000的净值就用来分配给17,000份普通股。顺便提一下，$1,300,000通常指的是公司的“有形资产净值”。$1,300,000除以17,000股得到每股的账面价值的净值为$76.47。

假设你没有减去无形资产，而仅仅是用$1,800,000直接除以17,000股，你会发现每股的账面价值会是$105.88，你会注意到$105.88的账面价值与$76.47的账面净值存在很大的差异。如果仅仅是提到股票的账面价值，通常指的是有形资产或账面净值，而较大的那个数值可以理解为“包括了无形资产在内的账面价值”。

第22章

债券和股票的账面价值

BOOK VALUE OF BONDS AND STOCKS

公司的资产负债表中包含债券、优先股以及普通股，具体内容如下：

固定财产	$1,000,000	股息为7%的优先股（每股面值$100）	$600,000
商誉	$ 500,000	普通股（无面值）	$600,000
流动资产	$ 500,000	第一抵押权、利率6%的债券	$500,000
		流动负债	$200,000
		盈余	$100,000
	$2,000,000		$2,000,000

计算公司债券的账面价值净值（有形资产净值），你需要加总债券价值、优先股价值、普通股价值以及盈余值，并从这$1,800,000合计值中减去$500,000商誉值，得到$1,300,000有形资产净值，它对应于价值$500,000的债券，从而得出每$1,000的债券对应$2,600的账面价值净值。

要计算优先股的面值，债券的数值应该剔除，只留下优先股、普通股、盈余的数值之和，然后和前面一样扣除商誉价值，剩下$800,000的有形资产净值，它对应于6,000股优先股，因而每股优先股的账面净值就为$133.33。

在拥有优先股的公司中，要计算普通股的账面净值，第一个步骤是，找到优先股的清偿价值。通常情况下，优先股价值会高于其清偿（或拆分）时的票面价值，而且在没有票面价值的情况下，无论如何都必须找到资产清偿价值。在这个案例中，优先股的清偿价值为每股$105，或总值$630,000。之后我们需计算对应优先股的有形资产净值$800,000（上文提及），并从该值中减去优先股的清偿总值——$630,000，最终剩余价值为$170,000。$170,000指的都是17,000股不含票面价值的普通股的有形资产净值，或对应每股$10的账面净值。

假设优先股存在累积股息，那么在计算普通股的账面价值时，就须减去相应的股息值。有时，还必须把参与分红的优先股或A类股从中做些回扣。

有时，假设公司解散，其账面价值同样也无法完全对应其收益索偿权，此时，为了更准确地反映优先股的价值，最好的评估其账面价值的方法就是使用反映股息支付率相对公平的一些数值（这可以称为“实际每股价值”）。譬如，在现有条件下，一种年息为$8，不能提前偿还的优先股，在公司解散时，即使其每股价值仅为$100，也可能以5%的比例适当地打个折扣，抑或直接设定每股价值为$160，以便使普通股的可用资产达到平衡。

第23章

账面价值的其他科目

OTHER ITEMS IN BOOK VALUE

在计算证券的账面价值时，不同形式的盈余都会简单地以盈余科目处理。譬如，公司可能会产生资本盈余、指定盈余、出售股票的溢价、损益或者已获盈余。这些科目加在一起，统称为盈余。

在准备金一章中，我们提到过某种准备金实际上是盈余的组成部分。其中包括意外准备金（除非这些准备金指的是已经明确或者极有可能会发生的支付项或价值损失），一般准备金、股息准备金、优先股回购准备金、改良准备金、营运资金准备金等等。也可以将保险准备金归为这一类准备金的范畴，然而养老金准备金通常是属于负债项的，不应将此项归为盈余部分。

这些等价于盈余项的准备金（有时被称为“自主准备金”），其实就属于盈余的范畴，在计算账面价值时，应考虑在内。在计算账面净值时，应扣除全部无形资产的价值。诸如开办费及未摊还公司债券折价（或溢价）等递延费用都应该被排除在外。

第24章

清算价值及流动资产净值

LIQUIDATING VALUE AND NET CURRENT ASSET VALUE

清算价值不同于账面价值，因为清算价值考虑了公司清算时可能会产生的价值损失。很明显，讨论铁路或普通公用事业公司的清算价值是毫无现实意义的。另一方面，评估银行、保险公司或典型的投资信托公司（或投资控股公司）的清算价值时，可以得出非常精确的数值；如果计算出来的结果远远超出其市值，那么这种情况就需要仔细斟酌了。

在工业公司的案例中，清算价值可能是一个有用的概念，也可能毫无意义，这取决于相关公司的资产特性以及资本构成。当流动资产占总资产的比重较大，而期限小于正常期的负债在总负债中的比重相对较小时，计算清算价值就显得特别有意义了。这是事实，因为在公司清算时，流动资产的损失在通常情况下，较固定资产的折价而言，相对较小。在一些清算案例中，也出现过固定资产的清算值刚好能抵消流动资产的损失值的情况。

因此，工业公司证券的“流动资产净值”可能就构成了衡量其清算价值的一个粗略的标准。通过将流动资产净值（或“营运资金”）排除在外，并同时减去所有高级证券的索偿权后，我们就可以把这个值计算出来。当股票以低于其流动资产净值的价格出售时，这种情况就很值得关注了，尽管没有绝对的证据显示股票的价值确实被低估了。

第25章

盈利能力

EARNING POWER

在对除了银行、保险公司，尤其是投资信托公司等金融领域之外的公司证券进行分析时，没必要过多地考虑公司的账面价值或清算价值。绝大多数情况下，投资是否具有吸引力，抑或能否取得丰厚的回报，取决于公司的盈利能力。“盈利能力”指的是公司在未来一段时间内，能够创造出的合理预期盈利水平。由于未来的盈利是无法预测的，我们通常会参考公司现在以及过去的盈利情况，并使用相关数据作为合理预测未来收益的基础。

如果在好几年的时间里，公司的经营一直维持正常水平，相比于现有的盈利水平，在此期间的平均收益能够更好地表明公司的盈利能力，而在判断债券或优先股投资是否安全时，情况尤其如此。

在接下来的章节中，我们将针对利润表的基本原理进行讨论。

第26章

典型的公用事业公司利润表

A TYPICAL PUBLIC UTILITY INCOME ACCOUNT

下的报表内容显示了典型的公用事业控股公司和它的附属公司的合并利润表：

美国煤气与电力公司

（1935年12月31日）

总营业收入	$64,936,196
营业成本	$20,379,243
维修费用	3,542,460
折旧	8,730,973
税金	8,664,795
营业利润	23,618,725
其他利润	728,672
其他利润（母公司）	279,629
总利润	24,627,026
母公司开支	
（含税）	467,265
可供固定开支支付的余额	24,159,761
附属的优先股股息	3,104,342

利息和其他扣除金额（附属公司）……………………7,936,175

利息及其他扣除金额（母公司）………………………2,562,802

净利润……………………………………………………10,556,442

优先股股息………………………………………………2,133,738

普通股股息………………………………………………6,267,073

盈余附加项：

杂项债权……………………………………………………40,862

盈余扣除项：

赎回债券的佣金及未摊债券折价和费用…………………306,441

附属公司清算后的盈余账目贷方余额扣除………………47,612

杂项债权：

持有的其他公司的股票及债券的账面

价值调整……………………………………………………87,397

提前支付的税金……………………………………………33,496

杂项债务……………………………………………………1,417

年度盈余增加……………………………………………1,720,509

结转上年盈余……………………………………………66,609,188

损益盈余（根据资产负债表）…………………………68,329,732

对这张利润表中的一些不同科目做些说明是很有必要的。

公用事业公司的总营业收入或总收入的组成部分通常为资源类资产，如电力、天然气、水资源、交通等。营业费用包括原材料成本、劳动力、管理费用（一般管理费用）等开支科目。维修费用及折旧稍后讨论。通常情况下，税金通常是在地方税收、州立税收、混合型联邦税收和联邦所得税税收之间做出划分的。

其他的收入来自资源收益，抑或通常意义下的投资收益，抑或控股公司下关联公司各种各样的服务费用，而非一般的正常业务经营收入。

其他的扣减额包含在分期摊付债券的固定费用，以及（有时）租赁资产的租金上。

附属的优先股股息指的是派发给公众的发行在外的优先股股息，母公司并不拥有这些优先股的权益。同样，“少数股东权益”指的是公众所持有的部分附属股票的收益（当然，控股公司持有绝大多数的普通股股份）。

没有完全包括在损益账目中的盈余增加项，并非严格地和当年的营业收入部分直接有关，诸如以往年份的税收调整，以前设立的准备金科目以及退款等等。类似地，盈余的扣除则包括诸如证券销售折价、财产报废损失、证券发行费用以及债券大幅度折价等项。我们需要详细审查盈余费用，从而判断一段时间以来，该科目是否会对公司实际的营业收益造成财务压力。

由于1935年至今，会计准则在不断演进之中，报表的格式有了较大的改变，下表列示了A股市场的一家公用事业公司的利润表。

2011年度合并及公司利润表

会企02表

单位：华能国际电力股份有限公司　　2011-01-1～12-31　　金额单位：人民币元

项　　目	行次	合并	
		2011年度	2010年度
一、营业收入	1	133,420,768,944.00	104,307,701,910.00
减：营业成本	2	121,816,767,862.00	92,818,451,828.00
营业税金及附加	3	484,018,981.00	147,641,203.00
销售费用	4	9,095,133.00	4,007,471.00
管理费用	5	2,916,160,374.00	2,724,475,373.00
财务费用	6	7,493,529,355.00	5,105,559,276.00
资产减值损失	7	365,124,935.00	29,271,676.00
加：公允价值变动收益	8	727,268.00	11,850,976.00
投资收益	9	803,921,549.00	632,062,946.00
其中：对联营企业和合营企业的投资收益	10	660,462,038.00	572,049,715.00
二、营业利润	11	1,139,266,585.00	4,122,209,005.00
加：营业外收入	12	1,377,797,055.00	564,992,494.00
减：营业外支出	13	168,920,821.00	93,777,590.00
其中：非流动资产处置损失	14	47,041,581.00	50,498,367.00
三、利润总额	15	2,348,142,819.00	4,593,423,909.00
减：所得税费用	16	983,883,560.00	913,095,748.00
四、净利润	17	1,364,259,259.00	3,680,328,161.00
归属于母公司所有者的净利润	18	1,268,245,238.00	3,544,304,422.00
少数股东损益	19	96,014,021.00	136,023,739.00
五、每股收益：	20		
（一）基本每股收益	21	0.09	0.29
（二）稀释每股收益	22	0.09	0.29

项　　目	行次	公司	
		2011年度	2010年度
一、营业收入	1	59,366,760,975.00	52,878,515,494.00
减：营业成本	2	53,790,541,061.00	46,962,094,588.00
营业税金及附加	3	313,176,945.00	50,731,857.00
销售费用	4		
管理费用	5	1,799,322,317.00	1,790,865,752.00
财务费用	6	3,517,657,335.00	2,668,290,156.00
资产减值损失	7	408,127,300.00	50,542.00
加：公允价值变动收益	8		
投资收益	9	1,077,067,819.00	1,010,241,118.00
其中：对联营企业和合营企业的投资收益	10	658,911,688.00	570,036,402.00
二、营业利润	11	615,003,836.00	2,416,824,801.00
加：营业外收入	12	476,839,648.00	236,363,378.00
减：营业外支出	13	81,454,929.00	75,267,919.00
其中：非流动资产处置损失	14	6,654,940.00	47,715,543.00
三、利润总额	15	1,010,388,555.00	2,577,920,260.00
减：所得税费用	16	158,846,868.00	198,223,963.00
四、净利润	17	851,541,687.00	2,379,696,297.00
归属于母公司所有者的净利润	18		
少数股东损益	19		
五、每股收益：	20		
（一）基本每股收益	21	不适用	不适用
（二）稀释每股收益	22	不适用	不适用

单位负责人：曹培玺　单位主管会计工作负责人：周晖　会计机构负责人：黄历新

第27章

典型的工业公司利润表

A TYPICAL INDUSTRIAL INCOME ACCOUNT

美国轧钢公司

（1935年12月31日）

销售净额……$76,799,000

销售成本……$56,251,000

销售及行政管理费用……$5,631,000

维修费……$5,858,000

呆账准备金……174,000

租金和特许权使用费……128,000

税金（除所得税外）……660,000

营业利润……8,097,000

其他利润（净额）……1,391,000

总利润……9,488,000

折旧和折耗……2,076,000

所得税……615,000

利息和债券发行折扣……2,483,000

少数股东权益……4,000

净利润……4,310,000

优先股股息……348,000

普通股股息……………………………………………1,068,000

杂项盈余附加……………………………………………130,000

杂项盈余扣除…………………………………………1,830,000

本年增加盈余…………………………………………1,194,000

上年盈余……………………………………………14,634,000

损益盈余（1935.12.31）…………………………15,828,000

销售净额等于销售额减去销货退回和折让。销售成本在这个例子中表示工厂成本，包括了劳动力、材料和间接制造费用，而维修费除外，它在此处是单独列出的。利润表中其他科目的意思显而易见，无需赘述。在这个例子中，因为累积股息的原因，优先股股息当中也包括了每股12美元的股息，即总共为232,000美元。正规的年度优先股股息按要求通常只有116,000美元。

由于1935年至今，会计准则在不断演进之中，报表的格式有了较大的改变，下表列示了A股市场的一家工业公司的利润表。

2011年度合并及公司利润表

会企02表

单位：三一重工股份有限公司　　2011年度　　金额单位：人民币元

项　　目	行次	合并	
		2011年度	2010年度
一、营业收入	1	50,776,301,487.57	33,954,939,086.19
减：营业成本	2	32,252,231,386.79	21,441,837,544.23
营业税金及附加	3	259,517,624.48	131,236,358.24
销售费用	4	4,215,999,607.50	3,204,830,452.07
管理费用	5	3,063,136,998.47	1,921,501,525.37
财务费用	6	807,268,230.00	298,327,253.42
资产减值损失	7	403,518,234.63	152,954,644.57
加：公允价值变动收益	8	-68,664,436.19	50,346,645.31
投资收益	9	141,234,509.10	42,286,007.15
其中：对联营企业和合营企业的投资收益	10	38,119,349.48	16,424,476.58
二、营业利润	11	9,847,199,478.61	6,896,883,960.75
加：营业外收入	12	1,022,071,666.26	150,816,746.98
减：营业外支出	13	77,004,359.52	109,455,071.54
其中：非流动资产处置损失	14	32,175,304.61	15,964,759.00
三、利润总额	15	10,792,266,785.35	6,938,245,636.19
减：所得税费用	16	1,430,711,798.57	774,218,140.06
四、净利润	17	9,361,554,986.78	6,164,027,496.13
归属于母公司所有者的净利润	18	8,648,898,948.49	5,615,461,622.88
少数股东损益	19	712,656,038.29	548,565,873.25
五、每股收益：	20		
（一）基本每股收益	21	1.139	0.739
（二）稀释每股收益	22	1.139	0.739

项　　目	行次	公司	
		2011年度	2010年度
一、营业收入	1	31,097,006,914.69	25,248,210,230.99
减：营业成本	2	22,921,731,638.68	21,444,531,883.73
营业税金及附加	3	114,943,159.93	62,263,896.55
销售费用	4	2,073,756,595.22	1,877,445,069.56
管理费用	5	965,868,736.92	408,341,012.59
财务费用	6	342,046,218.82	127,226,811.84
资产减值损失	7	252,433,923.12	120,544,612.87
加：公允价值变动收益	8	-52,013,263.11	50,346,645.31
投资收益	9	652,824,787.42	4,913,651,304.90
其中：对联营企业和合营企业的投资收益	10	41,218,777.26	15,435,131.42
二、营业利润	11	5,027,038,166.31	6,171,854,894.06
加：营业外收入	12	279,265,324.12	51,747,575.82
减：营业外支出	13	31,614,369.52	70,612,279.68
其中：非流动资产处置损失	14	7,962,437.15	12,745,581.16
三、利润总额	15	5,274,689,120.91	6,152,990,190.20
减：所得税费用	16	643,441,623.48	138,906,287.48
四、净利润	17	4,631,247,497.43	6,014,083,902.72
归属于母公司所有者的净利润	18		
少数股东损益	19		
五、每股收益：	20		
（一）基本每股收益	21		
（二）稀释每股收益	22		

单位负责人：梁稳根　单位主管会计工作负责人：肖友良　会计机构负责人：刘华

第28章

典型的铁路公司利润表

A TYPICAL RAILROAD INCOME ACCOUNT

根据美国州际商业委员会的规定，所有铁路公司呈报的报告都必须有统一的格式。这些报告非常详细，若一一在此列出则过于繁琐。因此，下面只列出浓缩后的报表，以反映其重要的构成因素。

美国联合太平洋铁路公司

（1935年12月31日）

营业总收入		$129,405,000
道路设施维护		$15,510,000
设备维护		23,924,000
其他营业费用	53,968,000	93,402,000
营业净收入		36,003,000
税金		9,967,000
坏账损失	46,000	10,013,000
铁路营业利润		25,990,000
设备租金（净额）		贷方6,865,000
联合设施租金（净额）	贷方510,000	贷方7,375,000
铁路营业净利润		18,615,000

其他利润：		
收到的利息和股息		14,329,000
杂项	924,000	15,253,000
总利润		33,868,000
杂项扣除		813,000
可供固定开支金额		33,055,000
固定开支：		
固定/长期债务利息		14,438,000
其他开支	82,000	14,520,000
净利润		18,535,000
优先股股息		3,982,000
普通股息		13,337,000
偿债基金	10,000	17,329,000
		1,206,000
盈余附加——杂项债权		贷方106,000
盈余扣除：		
财产报废损失		5,980,000
杂项债务	285,00	借方6,265,000
本年度盈余净减值		4,953,000
损益盈余1934年12月31日（根据资产负债表）		254,178,000
损益盈余1935年12月31日（根据资产负债表）		249,225,000

上述表内所使用的名称都是由州际商业委员会规定的官方名称。

其中一些非常重要的科目常常使用它们更通用的名字。例如：

官方名称	通用名称
营业总收入	总收益或者收入总额
铁路营业利润	税后净收益
铁路营业净利润	扣除租金后净收益
净利润	可供股息支付的余额

“联合设备租金”表示和其他机车共同使用终端设备或者轨道时所发生的支出（借方）或者收入（贷方）的金额数目。固定开支不仅包括债券利息，还包括其他利息以及租用线路租金（公司将其作为系统的一部分进行运营）。“杂项扣除”包括了非铁路财产的征税、某些担保金支付等等。

由于1935年至今，会计准则在不断演进之中，报表的格式有了较大的改变，下表列示了A股市场的一家铁路公司的利润表。

2011年度合并及公司利润表

会企02表

单位：大秦铁路股份有限公司　　2011年度　　金额单位：人民币元

项　　目	行次	合并	
		2011年度	2010年度
一、营业收入	1	45,007,038,465.00	42,013,761,549.00
减：营业成本	2	26,420,323,917.00	24,218,767,128.00
营业税金及附加	3	1,510,026,935.00	1,370,252,998.00
销售费用	4		
管理费用	5	2,401,922,722.00	2,210,950,908.00
财务费用	6	1,117,399,550.00	1,077,091,824.00
资产减值损失	7	768,232.00	654,880.00
加：公允价值变动收益	8		
投资收益	9	1,812,636,981.00	582,698,226.00
其中：对联营企业和合营企业的投资收益	10	1,809,629,579.00	568,746,763.00
二、营业利润	11	15,369,234,090.00	13,720,051,797.00
加：营业外收入	12	6,534,225.00	78,569,927.00
减：营业外支出	13	128,635,321.00	112,513,360.00
其中：非流动资产处置损失	14	26,801,533.00	45,813,177.00
三、利润总额	15	15,247,132,994.00	13,686,108,364.00
减：所得税费用	16	3,548,316,710.00	3,275,236,494.00
四、净利润	17	11,698,816,284.00	10,410,871,870.00
归属于母公司所有者的净利润	18	11,698,642,527.00	10,410,830,825.00
少数股东损益	19	173,757.00	41,045.00
五、每股收益：	20		
（一）基本每股收益	21	0.790	0.700
（二）稀释每股收益	22	0.790	0.700

项　　目	行次	公司	
		2011年度	2010年度
一、营业收入	1	44,816,691,828.00	33,539,294,720.00
减：营业成本	2	26,256,605,587.00	17,781,190,962.00
营业税金及附加	3	1,502,938,330.00	1,074,177,473.00
销售费用	4		
管理费用	5	2,385,965,694.00	1,558,199,546.00
财务费用	6	1,116,718,106.00	1,045,791,855.00
资产减值损失	7	768,232.00	754,880.00
加：公允价值变动收益	8		582,698,226.00
投资收益	9	1,812,636,981.00	582,698,226.00
其中：对联营企业和合营企业的投资收益	10	1,809,629,579.00	568,746,763.00
二、营业利润	11	15,366,332,863.00	12,663,387,990.00
加：营业外收入	12	6,414,314.00	71,350,683.00
减：营业外支出	13	128,469,144.00	109,693,448.00
其中：非流动资产处置损失	14	26,801,533.00	45,811,377.00
三、利润总额	15	15,244,278,033.00	12,625,045,225.00
减：所得税费用	16	3,547,234,778.00	3,009,588,179.00
四、净利润	17	11,697,043,255.00	9,615,457,046.00
归属于母公司所有者的净利润	18	11,697,043,255.00	9,615,457,046.00
少数股东损益	19		
五、每股收益：	20		
（一）基本每股收益	21	不适用	不适用
（二）稀释每股收益	22	不适用	不适用

单位负责人：关柏林　单位主管会计工作负责人：李琳　会计机构负责人：田惠民

第29章

计算收益

CALCULATING EARNINGS

在研究债券发行的时候，最重要的数据就是计算利息支出总额（及其等价物）的保障倍数。与债券利息相同性质的支出（例如其他利息、租金、债券折价摊销）应包括在内，而这些“固定支出”的保障倍数也应该计算出来。在处理公用事业公司和其他控股公司发行的债权时，我们通常有必要把子公司的优先股股息计算为固定支出，因为这些费用会先于在母公司债券费用中得到支付。

当然，在计算利息或固定支出的保障倍数时，会用可供支付固定支出的收益除以这些支出，而得出答案。严格说来，所得税不应该首先从收益中扣除，但通常情况下这样做更省事，而且还能得出一个更保守的结果。在计算可供支付固定支出的收益时，最简单的方法就是从可供股息支付的余额（净利润）往回推，加上固定开支得出答案。

在发行高级债券的时候，只计算利息保障倍数，而把次级债券的费用剔除在外，这种算法更有益。次级债券费用虽然只是一个补充数字，然而，它必须一直结合着总的或者“全部的”保障倍数进行研究。从利润中扣除高级债券发行所要求的金额，单独计算某一笔次级债券发行费用的保障倍数，这种算法绝对错误。这样计算出的结果很容易造成误导，如果是次级债券发行得很少，这个计算结果就会说明与发行高级债券相比，发行次级债券更安全——这个结论显然十分荒唐。

如果优先股股息先于债券利息支付，那么可供其支付的收益既可以每股赚取的美元收益来表示，也可以股息保障倍数来表示。要算出每股收益，只需简单地将可供股息支付的净利润与股票数量二者相除即可得出答案。然而，如果有未清偿债券存在，优先股股息保障倍数就必须结合着固定支出和利息支出进行计算。换句话说，你必须计算出固定支出与优先股股息总额的保障倍数。在这种情况下，人们常常单独计算优先股股息，但如果人们购买发行的债券是为了用于投资，那这种计算方法就并不正确，它会产生一个严重的、令人误解的结果。

	例子A（美国煤气与电力公司）	例子B（美国轧钢公司）	例子C（联合太平洋铁路公司）
可供支付固定支出的收益①	$24,159,761	$6,793,000	$33,055,000
总固定支出	13,603,319	2,483,000	14,520,000
固定支出保障倍数	1.78	2.73	2.28
固定支出和优先股股息	15,737,057	2,595,000	18,502,000
优先股股息“总的”保障倍数	1.54	2.61	1.79
可供普通股支付的余额	8,422,704	4,198,000	14,553,000
流通股数量	4,482,738	1,853,000	2,223,000
普通股每股收益	$1.88	$2.26	$6.55

① “可供支付固定支出的收益”是在扣除了联邦所得税和少数股东权益之后披露的。这是最保守的方法。

普通股收益一直是以每股多少表示，当然，这是在扣除了根据发行时就确定的年利率计算出的优先股股息后得出的数字，如果有参与分红为特征的优先股，也需要把这部分费用扣除（在计算可供普通股分配的收益总额时，优先股的后付股息并不需要从当前收益中扣除，但这种累积股息的存在，必须要被纳入账目中予以考虑）。

在不考虑1935年支付的累积股股息的前提下，美国轧钢公司的优先股股息已经按6%的固定年利率做了扣除，美国煤气和电力公司的优先股股息也是以同样的方法按照固定年利率计算的。按照以下方法计算优先股的每股收益已成惯例：

	例子A	例子B	例子C
可供优先股股息支付的余额	$10,556,442	$4,310,000	$18,535,000
优先股数量	355,623	19,324	995,000
优先股每股收益	$29.68	$223.05	$18.62

使用这种算法的时候需要有所保留，它必须和固定支出和优先股股息合起来的保障倍数联系在一起使用。

第30章

维修和折旧比率

THE MAINTENANCE AND DEPRECIATION FACTOR

要对利润表进行彻底的分析需要考虑很多比率，我们无法在此一一讨论。然而，我必须谈谈与维修和折旧有关的一些内容。如果对这两个科目做出过多或过少的扣除，那净收益可能很容易被缩小或者夸大。维修费用在铁路领域显得尤为重要，一般维修费（对铁路和设备的维修均包括在内）占到总利润的32%到36%。如果数据与这个范围相比有较大的偏差，无论是过大或过小，都意味着需要对报告的收益做必要的调整，而且无论在何种情况下，都需要对报告做进一步研究。

在公用事业公司的例子中，折旧费用相当重要。因为折旧费用可能在设备账目中占某一特定的比例，通常将其和总收益联系在一起研究会更加方便。在大多数情况下，较为合适的折旧费用占总收入的比率为8%到12%。有些公司在给股东的报表中使用了所谓的资产报废准备金，这笔费用与公司为了申报所得税而设立的正规“直接”的折旧费用相比，其数目几乎总是要小很多。这种差异值得我们进一步关注，它可能意味着，如果保守考虑的话，公司的债券并没有它们表面看起来那么安全，或者公司的普通股并没有赚得向股东报告的那样多的数目。

在其他工业公司中，维修和折旧的扣除费用并没有像在铁路和公用事业公司中那么重要。近年来，有一种荒唐的趋势逐渐流行起来，那就是将设备账目数字做得非常的小——在某些情况下甚至小到了1美元——这样做就是为了“节省”年度折旧费用，从而使净收益看上去数目更大。这是在愚弄股东，因为不管账目数字是多少，收益都应该扣除一年中真实经受的磨损，而这些磨损应该得到合理的估价。

在一些很罕见的例子中，折扣费用会扣除得过多，其原因既可能是使用了过高的折旧比率，也可能是基本价值设定得远远高于重置成本。在某些特殊的例子中，如果投资者能够仅仅以目前的资产值为准购买股票，而不用为设备买单，那他在进行个人投资收益计算的时候忽视或者大幅度地减少公司折旧费用扣除也是合情合理的，这种思路同样也适用于公司的折损费用扣除。

公司用于折旧的最新数据来源于1933年。在这一年中，从诸如采矿、石油等工业领域中抽取的72家公司，它们所呈报的折旧、折耗、报废总费用占1932年12月31日财产净值的7.1%，这个数字或许可以作为可行的比较标准。在没有被抽到的工业领域，例如制造业等，80家公司显示的1933年中折旧和报废费用平均占资产净值的4.5%，37家从事零售业的公司其1933年折旧和报废费用平均为资产净值的5.2%。作为一般的规则，对那些未被抽取行业的公司来说，将大约5%的资产净值提取出来作为年度折旧费用，或许就是合适的。

第31章

利息和优先股股息的安全保障程度

THE SAFETY OF INTEREST AND PREFERRED DIVIDENDS

在分析投资级债券的时候，固定支出的保障倍数是主要的评判标准。在分析高等级优先股的时候，可比的评判标准就是固定费用加上优先股股息的保障倍数。最好采用十年的平均数，但如果时间短于十年，那么完全反常的年份，例如1931年和1932年，就应该去除。下面的最小“全部保障倍数”建议在研究投资债券和优先股的时候使用（这些数字比平常规定的数字要大，但是在选择投资的时候稍微保守一点是没有坏处的）。

最小平均收益保障倍数

	债券 总固定支出的保障倍数	优先股 总固定支出加上优先股股息的保障倍数
公共事业	$1\frac{3}{4}$倍	2倍
铁路	2倍	$2\frac{1}{2}$倍
工业	3倍	4倍

在利润表的投资研究中，我们需要注意以下的附加因素：(1)营业比率——营业开支除以总收入或者总销售额得到的数据。它是测量公司经营效率的数值，它同时也能反映出公司降低由销售数量或者销售价格下降带来的影响的能力；(2)固定支出(或者固定支出加上优先股股息)相对总收入的比率；(3)维修和折旧费用比率；(4)未包括在利润表中的盈余相关的支出比率和数额。

在研究这些数据的时候，我们应该在同一领域的不同公司间做横向比较，同时要以同一公司连续几年的数据为基础做纵向比较。

第32章

趋势

TRENDS

利润表中的一些重要因素在一段时间内发生的一致变化，我们将之理解为趋势。在此过程中最重要的趋势当然是利息和优先股股息的保障倍数以及可供支付普通股股息的收益的变化，但是，这些趋势却会使经营收入总额、经营比率和固定费用从有利或不利的趋势中发生逆转，形成拐点。

人们很显然都希望公司在总收益和净收益方面显示出有利的趋势。公司的证券如果显示出明显的不利趋势，那么对于一般投资者，这些证券就不值得购买——尽管这些证券的保障倍数可能仍旧很大——除非你确信这一趋势在短期内会得到自我纠正。另一方面，过分看重有利趋势也很危险，因为该趋势也可能被证实具有欺骗性。在投资公开发行的证券时，无论在何种情况下，平均收益都应能完全保障利息和优先股股息的偿付，这样的证券才符合投资要求。

在选择普通股时，把更多的精力花在对既定趋势的研究上，而不是分析购买什么投资品种，可能更为合适和可取，因为一个普通股在趋势形成之初，其价格实际上总是处于领先水平，先行反映出来这种趋势。然而，在依据普通股的有利趋势做出购买决策之前，最好先提出两个问题：（a）我有多大的信心确定这个趋势将会继续；（b）对这个预期的持续趋势，我会提前支付多高的价格？

第33章

普通股的价格与价值

COMMON STOCK PRICES AND VALUES

大体上说，普通股的价格由预期收益决定。当然，这些预期收益就是一种预测值或者估计值，而股票市场的行为在该点上常常受制于所显示出来的趋势。人们不断地从过去的记录和现在的数据中轮流对这种趋势做出评价和修正，并据此估计出一个确定的价格区间，尽管有时一些对未来发展的预期也会对股票价格起着一个决定性的作用。

因此，普通股的价格并非依赖它们自身过去或者现在的收益，而是取决于购买证券的大众对其未来收益的预测（一般因素或者技术特征对股票价格也有着重要的影响——例如信用、政治、心理状况——这些因素可能与任何对未来收益的预测并没有非常紧密的联系，但是这些影响要么最终会在收益中反映出来要么会产生极其短暂的影响）。

在通常情况下，普通股的价格是投资大众对未来六个月、未来一年甚至更长时期的收益的各种预测的综合结果。有些预测可能完全不靠谱，也有些预测可能相当精确，但正是这些做出各种预测的人们买卖股票的行为大致决定了当前的股票价格。

人们普遍认为普通股的售出价格应该与它的当前收益成一定的比率，这其实更多的是为了顺应实际操作的需要而不是逻辑推理的结果。市场通过将这一比率在不同类型的公司的取值加以变化来对收益趋势或者未来前景加以考虑。那些实现利润增长可能性很小的公司，其普通股通常是以很低的价格——收益比率售出的（低于其当期收益的1/15）；而那些极有可能增加利润的公司，其普通股常常以很高的价格——收益比率售出（超过了当前收益的15倍）。因此，两家公司的普通股可能会显示出相同的当前每股收益、支付相同的股息比率、具备同样良好的财务状况。然而ABC股票的售价可能是XYZ股票的两倍，仅仅因为证券购买者相信ABC股票在明年或者未来数年中会比XYZ股票赚得更多的收益。

当迅速繁荣或者极度低迷都不能影响市场的时候，公众对个别证券的判断正如市场价格反映的那样，通常非常准确。如果某些证券的市场价格与事实或者可能的数字并不一致，那么通常情况下，人们不久就会发现，这个价格正在对未来股价的涨势进行贴现，尽管这个涨势在当时并不明显。然而，股市经常存在着一种趋势，那就是极度夸大收益在不利或有利两个方面变化的意义。如果把市场看成是一个整体，无论在繁荣还是萧条时期，这个趋势都非常明显，而在其他相对平淡时期，这个趋势在决定个股股价时也是一目了然。

实际上，购买证券——特别是普通股——能否成功的能力就是准确预测未来的能力。无论多么仔细地回顾历史数据是远远不够的，甚至是弊大于利的。普通股的选择是一门高深的艺术——既然从本质上来说它为成功者提供了丰厚的回报。它需要投资者在过去事实和未来可能性之间找到一个精巧的心理平衡点。

第34章

结论

CONCLUSION

在前面几章中，你已经了解到了在阅读财务报表的时候应该考虑的各种因素。通过对报表的审查，我们才可能对公司的现状和潜力有所认识。公司的资产价值、盈利能力，同其他处于同一行业的公司相比较，它的财务状况、收益趋势以及对不断变化的环境的适应能力——所有这些因素在评估公司证券的时候都具有重要意义。

然而，在公司控制范围外还有其他因素可能同样会对公司证券的价值产生重要的影响。行业前景、总体商业市场和证券市场的条件、繁荣或萧条持续的时间、人为的市场因素的影响、大众对某种证券的偏爱——这些因素都不可能根据具体的比率和安全边际测量出来，它们只能根据不断获取财经和商业信息而形成的一般认识来做出判断。

证券知识在大众中变得越来越普及。尽管这一发展为证券承销商和客户经纪人提供了更为广阔的业务空间，但它同时也要求他们自己必须具备越来越精确的专业知识。

如果投资者根据财务报表在公司证券的市场价格看起来比较便宜的时候买入，而在市场价格看起来比较高的时候卖出，那么这宗交易很有可能不会产生特别可观的超额利润。但从另一方面看，投资者很可能也避免了巨额的或者更频繁的损失。与普通投资者相比，他们获得令人满意的投资结果的几率应该更高，这也正是明智的投资者所追求的主要目标。

THE INTERPRETATION OF FINANCIAL STATEMENTS

第二部分

用比率方法分析资产负债表和利润表

我们在此仅通过一个例子——伯利恒钢铁公司1928年的财务报表来说明在分析工业公司利润表和资产负债表时用到的各种比率。资产负债表和利润表里的各种科目都编上了号码，这样有助于解释比率的计算方法。例如，利润率，作为要研究的第一个比率，是由营业利润除以销售额得到的。在利润表中，营业利润的科目编号为4号，销售额的编号为1号，计算利润率的方法表示为（4）÷（1）或者用实际数字表示为$27,271,108 ÷ $294,778,287=9.2%。

伯利恒钢铁公司利润表

1928年12月31日

（1）销售额	$294,778,287
（2）扣除：制造成本、销售及行政费用、税金	253,848,844
	40,929,443
（3）折耗、折旧、报废准备金	13,658,335
（4）营业利润	27,271,108
加上：利息、股息、其他杂项收入	2,591,693
（5）总利润	29,862,801
（6）扣除：利息支出	11,276,879

（7）净利润……………………………………………………18,585,922

（8）扣除：优先股股息……………………………………6,842,500

（9）普通股股东权益净值…………………………………11,743,422

扣除：普通股股息………………………………………1,800,000

（10）结转盈余……………………………………………$9,943,422

伯利恒钢铁公司合并资产负债表

1928年12月31日

资产

流动资产

（11）现金………………………………………………$28,470,936

（12）美国政府债券………………………………………27,247,838

各种有价证券……………………………………………1,980,000

代员工持有的尚未支付的优先股………………………7,742,698

（13）应收账款和票据……………………………………41,951,684

（14）存货………………………………………………61,539,137

（15）流动资产总额……………………………………$168,932,293

准备金资产………………………………………………6,917,227

各种证券、房地产分期付款合同、抵押贷款……3,837,820

手头持有的信托基金…………………………………691,311

对联营公司的投资和预付款…………………………8,654,700

（16）财产账目…………………………………………$654,731,533

（17）减去折旧和折耗准备金…………………………200,408,672

（18）财产账目（净值）……………………………454,322,855

总资产……………………………………………$643,356,206

负债

流动负债

应付账款和应计负债……………………………25,227,323

应计债券利息………………………………………2,998,122

应付优先股股息

（1929年1月2日和4月1日）……………………3,447,500

应付普通股股息

（1929年5月15日）……………………………1,800,000

（19）流动负债总额………………………………33,472,945

（20）长期负债……………………………………$199,421,172

（21）堪布瑞拉铁矿公司公司股票

（年租金为应付股息的4%）……………………8,465,625

股本、盈余及准备金

（22）年息为7%的累积优先股，

每股票面价值为100美元…………………………100,000,000

（23）普通股，每股票面价值为100美元

$180,000,000

（24）盈余…………………………………………114,922,652

意外准备金…………………………………………2,138,990

保险准备金………4,934,822 301,996,464 401,996,464

总负债………………………………………$643,356,206

（a）利润率

营业利润除以销售额。

公式：（4）÷（1）

在本案例中：$27,271,108 ÷ $294,778,287=9.2%

这个比率用来测定公司经营的效率。该比率为9.2%，意味着公司每销售1美元，就有9.2美分在支付完所有营业成本后被留了下来。公司必须用这9.2美分（加上"其他收入"）支付债券利息、优先股股息、普通股股息，然后剩下的数额才作为盈余。

（b）投资资本收益率

可供利息支出的总利润除以债券、优先股、普通股、已获盈余之和。

公式：5 ÷（20+21+22+23+24）

在本案例中：$29,862,801 ÷ $602,809,449=4.95%

这意味着在1928年该公司的投资资金赚取了4.95%的收益。这个投资资本收益百分比因行业的不同而有所变化。同年25家钢铁公司的投资收益率平均为6%，略高于伯利恒公司。

（c）利息支出保障倍数

总利润除以利息支出。

公式：（5）÷（6）

在本案例中：$29,862,801 ÷ $11,276,879=2.65

工业公司的总利润平均至少为利息支出的2.5倍，这是公认的一个倍数。对于高信用等级工业债券，其保障倍数至少为3倍。

（d）利息支出和优先股股息之和的保障倍数

总利润除以利息支出与优先股股息之和。

公式：（5）÷（6+8）

本案例中：\$29,862,801÷（\$11,276,879+\$6,842,500）=1.65倍

我们认为，只有当公司赚取的利润总额，平均来说，完全相当于其支付的利息费用和优先股息总和的4倍时，才能说明以直接投资方式购买一家工业公司的优先股是有保障和合适的。

（e）普通股每股收益

可供普通股支付的净利润除以流通的普通股数量。

公式：（9）÷（23）（表示为股票数量）

在本案例中：\$11,743,422÷1,800,000=\$6.52每股

（f）折旧费用占设备成本的百分比

折旧费除以设备成本。

公式：（3）÷（16）

在本案例中：\$13,658,335÷\$654,731,533=2.09%

这意味着在财产账目（包括能够永续存在的房地产）中的所有项目的平均寿命都被算作50年。2.09%这个比率相对于1928年的其他13家钢铁公司2.7%的平均值略微偏低。

有时候，为了便于比较，我们有必要通过年折旧费用除以设备账目的净值来得到这个比率。

公式：（3）÷（18）

在本案例中：$13,658,335 ÷ $454,322,855=3.01%

（g）折旧费用占销售额或者总收入的百分比

这个比率在进行比较的时候，有时也非常有用。

公式：（3）÷（1）

在本案例中：$13,658,335 ÷ $294,778,287=4.63%

（h）结转到盈余中的净利润占可供股息支付的净利润的百分比

转作盈余的数额除以可供股息支付的净利润。

公式：（10）÷（7）

在本案例中：$9,943,422 ÷ $18,585,922=53.5%

这种类型的计算应该以一定年限的数据为基础，这样才能显示出该公司是否一直都奉行保守的股息政策。人们普遍认为一家工业公司其结转盈余（也就是留在公司的钱）的金额应该占到可供股息支付金额的30%或40%。

由于新的不分配利润税法案的出台，留在公司业务中的金额现在可能表示为附属的股本额。在进行计算的时候，我们可以把这一股本视为盈余附加的等价物。

（i）存货周转率

销售额除以存货。

公式：（1）÷（14）

在本案例中：$294,778,287 ÷ $61,539,137=4.7次每年。[①]

① 计算实际或真正的存货周转率时，可通过“销售成本”除以存货得出，因为存货的周转需一定的成本。公式：（2）÷（14）。本案例中，周转率为4.15次。

公司要在一年内将“存货周转”4.7次。这个数值对公司的运作十分有利。存货周转非常重要，因为公司在一年内对存货周转的次数越多，投入到存货中的资本也就越少，因废弃材料而导致损失的可能性也就越小。

（j）应收账款平均周转天数

应收账款和票据除以每日净销售额。

公式：$(13)\div\frac{(1)}{365}$

在本案例中：$41,951,684 ÷ $294,778,287/365=52天

在该年内，公司应收账款平均周转天数为52天。这个比率用来说明公司的信用政策状况。

（k）资本化比率

债券资本化比率

发行在外的流通债券总额除以债券、优先股、普通股、盈余的总额。

公式：（20+21）÷（20+21+22+23+24）

在本案例中：$207,886,797 ÷ $602,809,449=34.4%

堪布瑞拉铁矿公司股票之所以也包括在债券内，是因为在股票上支付的4%的股息是用财产租赁作为担保的。

优先股资本化

优先股除以债券、优先股、普通股、盈余之和。

公式：22 ÷（20+21+22+23+24）

在本案例中：$100,000,000 ÷ $602,809,449=16.6%

普通股票和盈余的资本化

普通股与盈余之和除以债券、优先股、普通股、盈余之和。

公式：(23+24)÷(20+21+22+23+24)

在本案例中：\$294,922,652÷\$602,809,449=49.0%

简单来讲，该公司资产构成为：34.4%为债券，16.6%为优先股，49.0%为普通股。一般的工业公司其债券占总的资产构成的比率不能超过25%或者30%，总资产构成的一半应该为普通股和盈余。

计算优先股和普通股的时候，采用当前的市场价格而非包括盈余在内的账面值更为实用，按这种算法求出的比值就是大家所知道的股本价值比率。求债券的股本价值率的公式为：优先股和普通股的总市场价值÷债券的账面总值。而求优先股的股本价值率的公式则为：普通股的总市场价值÷债券的账面总值与优先股的市场价值之和。

(l) 流动比率

流动资产除以流动负债。

公式：(15)÷(19)

在本案例中：\$168,932,293÷\$33,472,945=5.04∶1

换句话说，相对于每一美元的流动负债（在一般的业务流程中会在一年内付清的负债），公司就有5.04美元的流动资产（在一般的业务流程中，在一年内期满将会转换成现金的资产）。5.04比1的比率值对一家钢铁公司来说非常令人满意。流动比率在每个行业中的变化非常大，但普遍认为其最小值应为2比1(见第14章的表)。

(m) 速动资产比率

流动资产减去存货的差除以流动负债。

公式：(15-14)÷(19)

在本案例中：$107,393,156÷$33,472,945=3.2：1

也就是说相对于每1美元的流动负债，公司有3.2美元的速动资产。这个比率值对公司运作非常有利。流动资产比率较为合理的值至少应为1比1。

（n）普通股的账面价值

普通股和盈余之和除以流通中的普通股数量。

公式：（23+24）÷（23）（表示为股票数量）

在本案例中：$294,922,652÷1,800,000=$164每股

在计算时，按照惯例应该从账面价值中去除无形资产（商誉、专利等）——即这些无形资产应从普通股和盈余之和中扣除。

普通股的账面价值通常并不重要，但如果账面价值远高于或者远低于市场价格，那么这个值就值得研究了。[①]

（o）价格收益比率或市盈率

股票的售出价格除以每股收益。在1929年5月15日，伯利恒钢铁公司普通股以105.625收盘。105.625÷$6.52=16.2，这就意味着该股票的售价为1928年股票收益的16.2倍。这个比率用来测定股票的定价是否相对过高或者过低，它同时也是进行证券比较分析的出发点。

---

① 参见第24章“流动资产净值”。

HE INTERPRETATION OF FINANCIAL STATEMENTS

第三部分

财务术语

提

提前条款：债券契约中的款项，表示如果约定的特定事件发生，例如未能支付分期付款的款项或未能及时缴付保费，则可以要求债务人在约定的到期日之前付清全部余额。

应计项目：公司目前的运营费用，但将在未来进行现金支付。因此，尽管通常情况下公司每隔六个月才支付一次债券利息，但公司每月的账目上可能都会产生这笔费用。应计项目也可用于贷项，例如所持有的证券产生的利息。

"事后取得的财产"条款：抵押契约中的款项，将抵押公司在签署了抵押条款以后取得的财产归于抵押契据的留置权中。

分期偿还或摊销：在一段时间内，逐步偿清债务、递延费用或者资本支出的过程。因而（a）抵押贷款的分期偿还，就是通过定期地支付面额的一部分来偿清。（b）债券折扣的分期摊销，就是在债券公开发行的存续期内，把总折扣按照既定的份额，定期从每年收益中予以摊销。（c）固定资产的分期摊销，是通过计提折旧费用、贬值费用和报废费用来进行的。

套利：以可以产生利润的价格差同时买进或卖出证券（或者商品），该操作的条件为（1）该证券或者商品的交易市场不止一个；或者（2）存在两种相对独立的证券，它们都有各自的交易条款，而且互不相同。条件（1）的例子：（a）在伦敦市场卖出美国钢铁公司的证券的同时，在纽约市场买入，进行多空操作，其差价在扣除了交易费用之后，还能带来利润。条件（2）的例子：在同一市场上，卖出普通股的同时，以一定的比率，顺势买进该公司的可转换债券或优先股，或者买入"期权"，使其所有者能在支付了一笔固定费用的现金后，将来有权获得这种股票。这样买卖的差价在扣除了交易费用后，还能带来一定的利润。

公司章程：类似于法人社团的章程或执照的文件，当中列明了由国家授权公司经营的条款。

资产值：同账面价值定义（b）相同。

资产：公司拥有的有价值的资源、财产、产权。见固定资产、流动资产、递延资产、无形资产、有形资产的词条。

审计：对公司财务状况和营业活动的一种检查，以账目为主要依据，并承诺对这些账目保密，或者会核实公司资产负债表、利润表和盈余表的准确性。

资产负债表：是反映一家公司在特定时点上的财务状况的报告。该报告包括两个栏目。其中一栏列出了所有的资产及其价值，另外一栏则列出了债权人的索偿权和公司所有者净值。两栏的总额总是相等。

银行股份：一般是指银行发行的一种特定的负债凭证。每份代表由一些银行存款股票组成的股份的一小部分。通常，其目的是为了创新一种新的股票发行方式，该种股票的发售价格要比原始股低得多，也称为信托股份。

基准：在考虑债券的情况下，是指反映在债券收益表上一个给定价格条件下的到期收益，或者是在给定到期收益时相对应的价格。

应付票据：从技术上讲，应付票据为某公司或个人为了向另一家公司支付某一款项，而对该公司签发的无条件书面支付命令。在实际操作中，它表现为银行应付贷款。

蓝筹股发行：对具有公认的投资价值的股票的俗称，但通常其市盈率往往高得反常，成为市场追捧的对象或指标。

“蓝天”发行：原意是指一些公司在发行那些没有投资价值的证券时的促销行为。之所以这么命名，是因为购买者用他的资金买到的只不过是“蓝天”，即没有什么价值的东西。现在州和联邦政府有关禁止这种行为的法律已得到实施。在该法律下注册证券现在也称为“蓝天”。

债券：一种债务凭证，（a）表示借给商业公司或者政府机构的一部分贷款，（b）含有利息，（c）会在议定的将来的某天到期。债券发行时不具备上述某种特性的情况非常少见。短期债券（从发行日起存续5年或更短时间）常被称作票据。

债券折价：在财务报表上，表示一家公司发行债券的票面价值高于它实际收到的资金的超额部分，这部分折扣通常在债券的偿还期内分期摊销；用通行的投资行话说，就是指债券的票面价值超过其当前市场价格的溢价。“以折扣方式出售”的一种债券，就是指以低于面值的价格出售；相反，“以溢价方式出售”的债券，就是以高于面值的价格出售。

直接债券：债券符合标准模式，即（a）必须在固定的日期偿还固定的本金数额,(b)必须在固定的日期偿还固定的利息,(c)对资产或利润不享有进一步的权益,没有经营管理权。

高级债券:该债券的受偿权优先于其他债券。在公司财产同时抵押在一些次级债务上时,它们通常对其具有第一抵押权。

账面值:(a)对资产而言:公司账本上记载的资产数值。(b)对股票或者债券发行而言:是指反映在账面上、在对应于它的可用资产扣除了所有的优先负债后的价值,通常是用每股多少或者每1000美元债券多少的形式来表示。公认的做法是在计算账面值的时候去掉无形资产值,这和计算“有形资产值”的算法相同。

破产清算价值:是指在投资一项信托或持股公司证券时,以市场价格在对市场流通的有价证券做出扣除后,剩下资产的可用价值。

商人投资:在投资时已意识到有一定的风险存在,但投资人认为该风险可由增加本金值或者获得高额回报的可能性抵消掉(在我们看来,第二种考虑通常很不安全)。这个术语的出现是因为人们认为,商人既能够承担一定的财务风险又能够机智地让他的投资得以为继。

可提前赎回条款:债券发行时规定的条款,它给予发行人在债券期满前按约定条件赎回债券的权利——这项选择权并不归债券持有者所有。该特征可以针对不同时间提供不同的价格,这些内容也都适用于优先股。

(公司)资本:(a)狭义的理解就是资产负债表中划归到各种股票发行费用中的金额;(b)广义的理解就是由股票发行和盈余所代表的投资资金;(c)其更宽泛的理解在广义理解的基础上又增加了所有长期债务(见“资本总额”)。

资本资产或固定资产：具有相对永久性的资产，持有该资产的意义在于使用或者收益，而不是为了直接销售或者将其直接转换成可销售商品或现金。主要的固定资产为房地产、建筑物和设备，也就是人们常说的“设备账目”或者“财产账户”。无形资产，如商誉、专利等也是资本资产。

资本支出：为了增加或改善固定资产的支出或现金花费，是主要的收入支出。

资本化：公司发行的各种证券总和，包括债券、优先股、普通股（在判断公司资本总额时，人们常常会在把短期债务看作资本化的一部分还是非资本化的流动负债这个问题上举棋不定。我们通常将一年内到期的债务看做流动负债）。

资本结构：将资产总额划分为债券、优先股、普通股。如果普通股代表着全部或者几乎全部的资本化资金时，那么这种资本结构可以称之为“保守结构”；如果普通股只代表很小一部分资本化资金，那么人们称这种结构为“投机结构”。

资本化支出：是指从公司角度来说，既可以把它当成流动费用，也可以当成固定费用来看待的一些种类的项目支出。在后一种情况下，这些费用就以资产的形式反映在资产负债表上，通常会在数年内逐步摊销。这样的费用支出通常包括：无形的勘探成本（与石油有关的）、开发费用（矿山和制造公司）、组织协调费用、发行债券和股票的费用，等等。

资本化固定支出：通过固定支出计算债务本金数额，方法是用固定支出除以相对应的利率。比如：固定支出为$100,000，利息为

4%，本金值为：

$$\frac{\$100,000}{4\%}=\$2,500,000$$

资本盈余：见“盈余”。

现金资产值：是指对于给定的已发行证券来说，现金资产（包括现金和现金等价物）扣除所有具有优先偿还权的负债之后的价值，一般是以每股多少或每1000美元债券多少这样的方式表达。一种股票的每股现金资产价值，有时在报告时并没有从现金资产中扣除负债，这种情况应该被界定为“总现金资产价值”，只有当其他资产价值超过了所有具有优先偿还权的负债价值时，这样计算才是有意义的。

现金等价物：指企业持有的期限短、流动性强、易于转换为已知金额现金、价值变动风险很小的投资。例如：定期存款、美国政府债券、其他有价证券。

大额定期存单：（a）指用一种安全监护方式保证存款安全的收款凭证，或者为了某种目的，如重组计划而筹集资金的负债凭证。这些大额定期存款，被简称为“c/d”，一般是可以和有价证券一样进行买卖转让和市场交易的。（b）等同于定期存款。

审计报告：是指由一名注册会计师对公司的财务报告（资产负债表、利润表和盈余表）的准确性做出说明，并形成独立审计结果的一种证明文件。仔细地研读附带在财务报表上的会计师的证明文件总是有好处的，因为审计结果很可能大大开阔了他们的眼界，在一份给定的审计报告中，可能会有重要的限制条款和保留意见。

执照：指公司或特许经营企业从州政府申请得到依法授权，在执照允许范围内设立公司，从事经营活动的证书。

国民贷款：由政府机关——国家、州、市订立的贷款。

"A"类股票：区别于同一家公司发行的其他股票，也就是人们常说的"B"类股票或者普通股，二者的不同可能在于选举权、股息、资产优先偿还权或者其他特殊的股息条款。如果股票发行存在优先权，通常情况下是归"A"类股票所有，但是其他的一些特权，"A"类股票或普通股会同时享有。

质押债券：亦称抵押信托债券，是以其他交由信托人保管的有价证券（股票或者债券）作为担保所发行的公司债券。这种债券的真实投资价值在于：（1）债券发行公司的支付能力；（2）所保管证券的价值。

合并：将两家或两家以上的公司联合在一起，组建成一个新的公司。见"兼并"。

合并财务报表：将公司和其子公司单独分开的报表合并在一起的公司报表（资产负债表、利润表和盈余表）。这种合并后的报表剔除了所有关联交易账户，把整个公司集团作为单个企业以反映它的财务状况。

或有负债：数额和发生时间都不确定的负债。例如涉及法律诉讼和税收的数目、担保责任。

应急储备金：从收入和盈余中划出一部分资金作为储备金以应对未来可能出现的损失和索款，很多公司问题都可能导致这些事情发生（例如，存货或者持有的有价证券，其市场价值在未来可能会下降）。

在大多数情况下，这些储备金可以视作盈余的一部分，但偶尔也会解释为大概的或者仅仅是有可能的损失或索款。

被控股公司：如果一个公司51%或更多的股权为另外一家公司所有，所有的公司政策也由这家公司所控制，那么这家公司就叫做被控股公司。

证券转换平价或转换标准：是指一种可转换证券按照既定的报价换算成普通股的价格，反之亦然。例如，如果1股优先股可以转换为3股普通股，其售价为90的话，那么转换成那种普通股的平价就是30。如果1股普通股的市价为25，那么优先股的转换价格就是75。这也可以称为优先股的转换价值。

转换价格：相当于价格为100的可转换债券或者面值为100美元的可转换优先股票的普通股价格。例如，如果1000美元的债券转换成了40股普通股，那么普通股票的转换价格为25美元每股。

转换权利：见“可转换证券”。

可转换债券：以特定的价格或者比率，可以转换成其他证券的债券，转换权归债券持有人所有。通常这种债券可转换为同一公司普通股，但有的时候也可以转换成优先股，甚至可以转换成其他债券。债券持有者为公司的债权人，如果公司经营成功的话，还可以享有附加利润的特权。

可转换证券：根据（债券）契约、章程或者（股票）经营协议书，可转换成其他证券的证券。

贷方：见“借方&贷方”。

累积扣除法：计算利息保障倍数的方法，只计算付息顺序优先或相同所考虑的证券的债券利息，次级股票的利息在该方法中忽略不计。这种方法只能作为对“总计”方法的补充使用。见“总计方法”。

累积优先股：一种优先股，其股息利率固定不变，并且公司只有在支付了普通股股息后才会支付这些股息，因此在最初几年，公司并不会向股东支付股息，有些累积优先股甚至规定公司不会支付任何股息（建议把这种股票称作“已获累计证券”）。

累积投票：一种选举安排，在推举公司董事的时候，每一股股票都代表着几张选票。这种投票的效力在于可以让有实力的少数人选出一名或多名董事。在某些州（如宾夕法尼亚、密西根州），累积投票是强制执行的，而在其他州，该投票则是由某些公司的经营协议书列出说明的。

流动资产：现金资产或者很容易变成现金的资产又或者在正常业务活动中能够迅速转换成现金的资产。包括现金、现金等价物、一年内到期的应收账款、存货（周转速度较慢的存货应该适当扣除，但这并没有形成惯例）。

流动资产价值：在扣除了所有优先债务之后，用于某项特定证券的价值。一般表示为每股有多少流动资产或者每1000美元的债券里有多少流动资产。

流动负债：指在一年内或者超过一年的一个营业周期内需要偿还的债务合计，其中包括短期借款、应付及预收款项、应付工资、应交税金和应交利润等。

公司信用债：只由公司的一般信用担保的债务。公司没有任何特定资产作为直接的抵押（如果没有特别说明，这也适用于优先股发行)。

借方&贷方:簿记术语,指账目的类型以及账目中的款项。账目中左边的款项为借方款项,而一般有左边余额的账目(资产账目和开支账目)被称作借方账目。借方账目中的每条款项都记录着一项资产的增加,一项债务或者一项开支的减少。账目中右边的条款叫做贷方条款,而有右边余额的账目(债务账目、股东股本账目、收益或者利润账目)叫做贷方账目。其中每一个贷方款项都记录着一笔资产的减少、一笔债务或者收益、利润的增加。

信托契约:见"契约"。

递延资产或递延费用:是指最终被当做费用看待的各种支出额的一种会计资产。这些资产不会立即计入任何费用账目,因为它们更有可能是在未来几年分期摊销。它包括未摊销债券折价、企业开办费、开发研究费、预付广告费、保险费、租金,其中后面这些预付费用有时也叫做预付资产。

递延维修费:是指在正常运行条件下应该计入设备账户的修理费用,但却延期到将来某个时期计入。这种测定设备账户的疏忽不会反映在公司的报表上,尽管维修费用比前些年实际发生的费用低很多的情况经常存在。在铁路公司的利润表中,这种情况最值得引起关注。

赤字:赤字出现在资产负债表中的时候表示资产不足以弥补负债(债权人的索偿权)和股本总额时的差额。当赤字出现在利润表中的时候,通常表示收益相对花费和开支所缺少的金额。"经营赤字"表示在扣除固定开支之前的损失,"分红后的赤字"则要根据公司具体情况做出解释。

折耗：由于某项资产的部分转移而需扣除所消耗的资产价值。例如，通过开采矿石储备或者伐木而转移的资产。

折耗准备金：是指反映资产在存续期间适用的（通常指矿物或木材资源）全部贬值数额的储备价值。如果从对应的资产负债表中的资产方扣除这笔准备金表示了公司所保留的资产的价值，也就是净值。

折旧：指不能通过普通修理来补偿的磨损和损耗或者是资产提前报废所损失的价值。在簿记中记录折旧开支的目的在于在资产的整个使用期限内通过在营业中不断支取相同的开支来注销这笔资产的原始成本（如果在某些年份中，账本上折旧的费用高出了新投资到厂房中的费用，那多出的部分就称作“未支出的折旧”）。

开发费用：（a）发展生产和其他过程或者产品的成本可以让它们在商业上可用的成本。新公司往往把这些项目作为递延资产，已建立起来的公司或经营成功的公司则常把它们作为流动费用。（b）开采矿物财产的成本——很多情况下被当做递延资产。

折旧准备金：反映某个特定日期的账面折旧总值——因此它表示相关资产使用寿命当中已经到期的部分。如果资产为1,000,000美元，而其对应的折旧准备金为200,000美元，那么这笔资产目前的净值并不是800,000美元，仅仅是资产的使用寿命中有20%已被认作到期了。

稀释：在证券转换的时候，普通股数目增加而公司的资产并没有相应增加。很多证券转换为了消除“稀释”的可能性，都订立了“反稀释条款”，它降低了稀释中的转换价格。

多样化：是指通过把资金投资于各种不同的证券，以分散投资风险的方法。一项投资资金可以在不同的行业，或者——至少有效地——在同一行业的不同公司之间，或者在地理区域之间进行多样化投资。

股息保障倍数：是指在一个给定的期间内公司赚取股息的倍数。优先股股息保障倍数恰当地说，应该仅仅表示公司“固定费用和优先股股息”总和的支付保障倍数。普通股股息的保障倍数应该单独计算，但是这一数据考虑到优先债务的偿还顺序。

股息收益率：百分比数字，用股息率的美元数值除以市场价格得出。例如，如果一种市价80美元的股票，每年支付的股息为4美元，那么股票收益率就是4/80=5%。

股息凭单：(a) 是以股息方式支付的凭证（参见股息票）。(b) 作为股票股息接受的一小部分股份。这一部分股份在合并到全部股份之前，通常不享有股息权或投票权。

已获盈余：参见“盈余”。

盈利能力：是指公司或特定证券被认为赚取正常收益或有可能获取最大收益的比率，它应该是建立在过去的记录和对将来的盈利进行合理预测基础上的。所以，对于过去盈利数据波动范围很大，特别是将来情况很不确定的公司来说，就不能必然地得出它们具有良好的获利能力这一结论。然而，这一术语通常可以宽泛地用来说明，在任何给定期间内的平均盈利能力，甚至是指当前的盈利能力。

收益率：是指市场价格相对于每年收益的比率，也可以参见“市盈率”。

收益比率：用每股或面值（不常用）表示的每年的收益。

价格收益比率：表示每年收益和市场价格之间的关系，其中，市价表示为收益的倍数。例如，一种股票每年的收益为6美元，其市价为50美元，价格收益比率可以表示为$8\frac{1}{3}$：1。参见“市盈率”。

实际债务：是指公司的所有债务，包括每年租借财物的本金价值和其他一些类似于利息费用的支付款项（这些或许没有作为固定负债的一部分反映出来）。实际债务可以以适当的比率按照固定费用资本化的方法来计算。当公司发行的长期债券的息票利率极其高或极其低时，实际债务就可以被看成是高于或低于票面价值。

实际面值：当涉及优先股的时候，一般来说，实际面值是与给定的股息率相对应的。这个面值可以通过合适的比率，如6%，按股息美元价值资本化方法来计算。例如：一种股息为2.4美元的优先股，其实际面值就是$\frac{2.40}{0.06}$=40。这种方法在处理没有面值的优先证券或者虽有面值，但与其股息率不相符的证券时，非常有用。

设备负债或设备信托凭证：一种债券。通常其到期时间是连续的，并拥有对铁路公司全部车辆的留置权，以此作为抵押担保。一般有两种方法可以保护债权人的利益：（1）费城计划——现在几乎已经通用（设备的所有权保留在受托人手中，直到所有的债务凭证被偿清为止，到那时，设备所有权就转移给公司）；（2）纽约计划（一种有条件的销售票据，它给予发行债务凭证公司，在所有债务偿清后，公司就拥有无条件限制的所有权）。

设备租赁：通常是指一家铁路公司支付给另一家铁路公司、作为全部车辆使用费用的总额。这些款项是以每天为单位，按照标准程序进行支付的。支付或接受的数额在扣除了税金科目以后，立刻就计入到铁路公司的利润表中。

设备信托：一种安排，与设备的所有权或者控制权有关（通常指铁路公司的全部车辆），在这种安排下，公司发行了设备信托凭证或债券。这个词常常用来指设备信托负债凭证。

净值：是指在一个公司中，用资本和盈余衡量的股东权益。如果有次级证券投资的存在，它也是对优先证券提供的一种保护措施。

产权股票：(a) 任何发行的股票，不管是优先股还是普通股都包括在内。(b) 更具体地说，是指对公司拥有的资产和收益没有任何限制条款的普通股或其他相应的公开发行证券（如果有限制的话，就是排在优先索偿权之后）。

净值交易：当一个商人从自己的公司借钱来投入这个公司，补充其资金来源不足时，我们就称其是在“交易净值”。其言下之意就是说，所借的资金赚取的利润要比在该资金上支付的利息高。有时，也用这一术语来特指一种极端的情形：即公司大部分的资金是借来的，只有一小部分是自己拥有的。

支出或费用：支出是指现金或其等价物的流出，它们通常包括一些跟经营或收入无关的开支（例如，资本支出）。费用就是成本，也就是说，跟当前经营或收入有关的费用，它们通常包括一些非付现的开支（例如，应计项目、折旧）。

安全系数：是一种报告固定费用保障倍数的方法，它是以可用于固定支付的余额减去固定费用的差占固定费用的百分比形式表示的。例如，可用于利息支付的利润（或收益）为175,000美元，利息费用为100,000美元，安全系数就等于$\frac{175,000-100,000}{100,000}$=75%。即，安全系数=（利息保障倍数－1）*100%（这一术语现已很少使用）。

财政年度：是指一家公司选择作为计算和报告利润基础的12个月期限。它通常和日历年度一致（即12月31日结束），但常常也有所出入。许多商业公司的财政年度在1月31日结束，目的是为了在最旺的季节结束之后，便于对存货进行盘点。而一些肉类包装公司的财政年度在10月31日结束，也是基于上述的原因。

固定资产：参见“资本资产”。

固定费用：是指利息费用和与此类似的其他扣除费用。这些费用包括租金总额、担保股息、先于母公司费用支付的子公司的优先股股息，以及分期摊销的债券折扣（及对所售债券折扣的每年摊销额）。通常，建筑物租金不计入固定费用，但是却包括在销售费用（或营业费用）中。

浮动资产：和流动资产相同。

注满生产量：是指在石油行业，开发的新油井在其寿命周期的第一阶段所产生的较大产量。这种产量只能维持一个较短的时期，随后就以一个小得多的比率，即“固定生产量”来代替。在分析时，至关重要的是不要把注满生产量作为一种永久性收益来看待。

取消了抵押品的赎回权：是指将抵押财产变卖，强制执行对一项债务的偿还权的法律手续。当在抵押债务上的本金或利息无法偿还时都有可能发生这种情况。

固定负债：指有抵押担保的债务，即通过签订正式书面协议，来保证借款者在特定时间和地点，以特定的利息率偿还一笔特定数额资金的义务。包括债券、公司信用券和票据，但不包括银行贷款。

继续经营价值：是指公司开拓一种新兴业务所具有的价值。因而，它是建立在公司的获利能力和发展前景基础上的，而不是它的资产清算基础上。

黄金条款：是指实际上存在于1933年之前发行的所有长期债券中的一种条款，在这种条款规范下，当订立债务契约时，必须用已有的同样重量和纯度的黄金的美元价值作为支付的保证。从1933年开始，这一条款已经不再合法。

商誉：作为一种无形资产，其宗旨在于，通过其拥有的一些特定的无形有利条件，如良好的名称、声誉、战略位置或特殊关系等，来反映未来期望的超额利润能够获得的资本化价值。在实践中，资产负债表上披露的商誉价值总额几乎很少能够精确反应其真实价值。

收入总额：有时，把它作为销售收入总额的代名词；更多的时候，它表示的是销售收入总额和净利润之间的一个中间数据。

营业收入总额和销售收入总额：是指经营业务收入的总额，没做成本和费用的扣除。

担保证券：是指由一家公司而不是发行者本身对其本金、利息、股息、偿债基金等给予担保的债券和股票。保证担保的形式，通常是发行公司将某种财产租借给另一家作为担保人的公司来做担保。这时，需要的保证金价值的高低，要依赖于担保公司的信用级别和盈利能力，但即便是保证金本身有一定的问题，这种保证也许可以自行独立偿付。

套期交易：是指在购买期货交割的商品时，与制造商和销售商订立的契约，说明这种商品进入货物的成本，目的是避免价格变动的风险。在股票市场操作中，如果可以运用可转换特权，那么就可以在买入有限可转换证券的同时，卖空同样数额的普通股，以避免风险的交易行为。

控股公司：是拥有其附属子公司全部或绝大部分股份的公司。有时，在控股公司和母公司之间做些区分是很重要的，其区别为：后者是作为一个经营公司来运作的，虽然也拥有或控制其他经营公司，而控股公司仅仅只是持有或控制经营公司。

公开发行证券的机构：是指从事证券发行的包销、认购、销售的投资银行或公司。

闲置工厂费用：使之负担（维修和提取折旧）非经营性的制造设备的成本。

收益账目：是指在一段特定时期内经营状况的报告，它概述了经营收入或收益以及分摊在那段期间的费用和成本，表明该期间内实现的净利润和损失。通常，也称为利润表。

收益债券：是指其支付的利息随着收益变化而变化的债券。对于有些债券来说，其利息的一部分是固定的，其余部分则随收益变化而随机变动，收益债券有时也称为调整债券或整理债券。

契约：是指在公开发行债券时，针对有关发行的期限、具体保证金、万一发行失败后的补救措施、受托人的义务等方面做出策划而拟定的法律文件，也称为信托契约。

无形资产：是指已不具有物质形态，也无法具体测算其数值的资本（固定）资产。包括专利权、商标、著作权、商誉、租赁权以及类似未摊销债券那样的递延资产。如果要对它们进行计量的话，这些资产都应该以成本价反映在资产负债表上，但是通常披露的价值纯粹就是一种人为随意确定的价值。

关联公司间债务：是指一家公司对下列公司的债务：另一家对它控股的公司、被它控股的公司，或者是被它控股但又控制着债务人的同一个利益集团。

利息保障倍数：是指公司赚取的收益（或利润）相当于利息费用的倍数，它是以可用于固定费用支付的收益除以固定费用（总额）计算得到的（这种收益，既可以是扣减所得税之前，也可是之后）。

实值（内在价值）：是隐含在一种公开发行交易的证券之后的"真实价值"，它是和市场价格相对应的概念，而且一般来说，是一个相当模糊的概念。但有时资产负债表和收益报告上提供了一些明显的线索，表明实值实质上高于或低于市场价格。

存货：指标明未完工商品、加工制造过程中的货物、用于生产的原材料，有时还包括一些杂货供应，如包装和运输存货等在内的现存货物流动资产。在报告时通常以成本价或市场价计入，这都存在一些低估成分。

投资信托：是一种特定企业的名称，它将资金投资于范围广泛的各种不同的证券上，其目的就在于，使持有该企业债券或股票的所有者能够分享专业理财和多样化的好处。实际上，这是一个有误导的名称，因为在实践中，所有这类企业现在都是公司，而不是法定的信托机构，也因为其中的许多买卖行为都可能具有投机而非投资特征。

连带担保：是指由不止一家机构提供担保的行为，其中，如果有几家担保机构不能履行他们的那部分义务，那么，其他的每一家机构都潜在地具有承担全部责任的义务。

共同设备租赁：在铁路公司的利润表中，它表示的是由几家铁路公司共同使用的终端设备或其他类财产的已付租金（借方）或已收租金（贷方）项目。

次级证券：是指一种证券，其持有者对利息或股息或者本金价值的索偿权排在其他一些称为优先证券的证券之后。第二抵押权相对于在同一财产上的第一抵押权来说，就是次级的；普通股对于优先股来说，也是次级的，等等。

租赁权：是指在一个特定的年限内支付一定租金而占有一项财产的权利。如果新签一份租约，为了以一个优惠租金获得长期租赁权，通常承租人必须要向出租人（所有者）支付一笔现金红利。如果租约是从上一个承租人那儿承接过来，那么，该承租人就要向前承租人支付这笔费用，在资产负债表上的"租赁权"科目中，应该只把这种现金支付的款项纳入考虑范围，然后在相应的租赁期内予以逐步摊销。

租赁物改良：指对在一定年限内的租赁财产进行改良或改善使其增值的成本。这种改良，通常在租赁期满后就变成出租人（所有者）的财产，因而，他们的成本必须在租赁期间全部摊销完毕。

租赁责任：是指在一个特定的年限期间，对租赁财产支付一笔特定租金所固有的责任或负债。

合法投资：是指在一个给定的州，储蓄银行和信托基金投资的证券，符合立法颁布机关制定的规范投资的准则。通常，州银行的监管部门每年都公开发布一系列的证券名单，这些都被储蓄银行和信托基金认为是"合法"投资的指南。

财务杠杆效应：是指当一家公司的普通股在支付之前，相对来说，需要分摊很多的固定费用，或做出很多的扣除（利息和优先股股息）时，公司采取的促使其每股收益和市场价格朝有利方向变化的财务行为。在利润总额或销售（或营业）费用上，一个小小的百分比变动，就会使普通股的每股收益和市场价格发生更大比率的变动。相对于同样数额的优先证券，一种财务杠杆股票，通常都是以市价总值的一个小得多的比例来售出的。

负债：是对一个公司确定的索偿权。从狭义来理解，它只包括债权人的索偿权，即排除了股本的盈余和业主准备账目所代表的所有者的索偿权。从广义上说，它包括在资产负债表上右边所有的科目。

负债准备：是指一个公司对已经确定无疑但数量还没有完全确定下来的负债(例如，税金准备)，所提取的准备金或所代表的索偿权。

移动资产：和流动资产相同，但有时指的是扣除了存货后的流动资产。

清算价值：是指如果一个公司受到重创，其资产必须变现清算时，该公司的一种债权能够获得的数额。一般来说，它总是小于“账面价值”，因为如果在一个较短时期内变现出售时，各种资产的价值必然会打一定的折扣，从而必须从中做出一定的扣减。

维修：是指需要支付的使工厂和设备有效运营的保养和修理费用。

销售利润率：是指销售利润除以销售收入总额的比率。折旧通常包括在销售费用中，而所得税则通常排除在外。在计算销售收入总额时，所获取的非经营性收入和支付的利息费用不包括在内。

安全边际：一般来说，它等同于上述的“利息保障倍数”。以前，它是在一种特定的意义上来使用的，意思就是，可用于利息支付的收益，在扣除利息后与该收益的比率。例如，如果利息保障倍数是$1\frac{3}{4}$倍，那么安全边际（从这个意义上说）就是$\frac{3}{4} \div 1\frac{3}{4}$=42.85%。

适销性：是指买卖一种证券的方便程度。适销性好，就是指其卖出报价和买入报价之间有连续密切的关系和足够的空间，以便于人们以合适数量进行快速的买进卖出。

兼并：是指一个公司吸收另一个公司或更多其他公司的合并行为。

少数股东权益：在一个合并的利润表中，它指的是附属子公司的盈利中其少数股东所拥有的权益和净值。在一个合并的资产负债表中，它代表的是附属子公司净值中这些少数股东所拥有的权益和净值。

"总括"抵押：通常，它等同于一般抵押。它可能更多地专门用于那种覆盖一系列分散财产的抵押证券。

一般抵押：是指一家公司在发行证券时用其拥有的固定财产所做的抵押，通常它排在有限抵押权之后。

保证抵押：是指一家抵押担保公司或一家担保公司，以房地产做抵押，来保证本金或利息（通常包括两者）的支付的行为。有时，所有的抵押品是和保证书一起出售的；通常，一种或多种抵押品托管到受托人那里，因而，"保证抵押证书"就像证券一样，可以以抵押证方式进行发行出售。

可流通票据：是指某种类型的资产——即现金、支票、期票、承兑票据、息票债券等——它们按照既定的程序和良好的信用，不断地转让流通，谁持有它，谁就拥有所有权。股票不是可流通票据，所以，一旦股权证书丢失，还可以从持有者处获得返还。

流动资产净值（营运资金）：流动资产超过流动负债的余额。

快速流动资产净值：有时意义同上，或者（更准确地说），是指扣除了存货后的净流动资产。

工厂净值：参见“财产账目”。

净值：账面上显示的股东权益的可用数额。它是由资本、盈余和相当于盈余的准备金所构成。当它们反映在账面上时，一般都包括无形资产，从这个意义上说，它不同于股票证券的“账面价值”。

非累积优先股：是指优先股条款中有这样的规定：如果某一时期没有分配股息，那么股东就丧失了分派该股息的所有权益。当股息可以在一定的盈余范围内累积时，这种优先股就属于直接累积优先股之间的一种中间品种。

不可拆分的授权证：参见“授权证”。

临时性科目：是指从一些特定的来源取得的收入或做出的费用扣除，很可能它们不会在以后年度的报告中反映。在分析报表时，这样的科目应该和正规的收入和扣除项目分开单独考虑。临时性收入的例子有：固定资产的销售利润、来自附属子公司的特定股息、债券到期的利润、在诉讼纠纷中收到的款项，等等。临时性扣除项目的例子有：固定资产销售损失、存货折耗、闲置工厂费用（在某些情况下）等等。

废弃：是指由于新产品的开发或者发明创造，而使该资产从商业价值角度看已经过时、陈旧，从而导致的固定资产价值的损失。因此，调整会计费用科目（通常是折旧费用的一部分），可以适应由于这些原因而导致的将来价值的可能损失。

经营比率：在铁路公司的例子中，这一比率是用总的营业收入（或“收入总额”）除以扣减税金后的营业费用计算的。在公用事业公司的例子中，它一般被定义为扣除税金和折旧后的营业费用与营业收入总额的比率。同样，在工业公司的例子中，除了有些得到授权的公司在销售费用中不包括折旧外，大部分公司在销售费用中都不包括所得税。

认购权证：参见“授权证”。

开办费：指组建一个新的公司的直接成本，其中大部分是公司费用、税金和合法收费。它可以以一种递延资产的科目反映在资产负债表上，如果真是这样的话，它们通常会在公司盈利的头几年予以摊销。

全面计算法：计算债券利息或优先股股息保障倍数的一种正规方法。在计算债券利息的情况下，它意味着覆盖全部固定费用加上优先股股息的合计数的倍数（在处置优先于一种优先股的另一种优先股时，次级证券可以忽略不计）。

母公司：参见“被控股公司”。

参与分红证券：是指在正常利息之外有权享有公司额外利息或股息的债券（很少见）或优先股，他们能享有多大的额外收益，取决于：（a）盈利的数量；（b）对普通股已经支付的股息数额。

工厂设备账目：参见“财产账目”。

优先购股权：是指在向其他购买者公开出售前，原有股东享有的购买该公司增发股份或其他证券（一般是指可以转换成普通股的证券）的权利。股东的优先购股权一般是由州法律授权拥有的，但也可能在公司的章程或实施细则中予以放弃。

优先股：是指在普通股有权享有任何红利之前，对达到一定数额的股息（或在公司解散时，对公司资产）拥有优先索偿权的股票。参见累积优先股、非累积优先股和参与分红证券。

债券溢价：指一种债券的市场价格或者是发行者募集的资本总额，高于它的票面价值的余额。

股本溢价：是指发行者在发行资本股票时，募集的现金或现金等价物，高于该种股票的票面价值的差额。

预付费用：参见“递延资产”。

市盈率：是用股票的市场价格除以当前年度的每股收益。例如，一种股票的市价为84美元，其每股收益为7美元，那么其市盈率为12：1（或者说，该股票以12倍的收益出售）。

优先扣除法：是一种计算债券利息或优先股的保障倍数的非常规方法。优先债务的必要条件，就是要把它先从收益中进行扣除，余额才能用于支付次级证券。参见全面计算法。

优先抵押权：是指排在一些其他抵押权之前的一项扣押权或抵押权。一项优先抵押权本身并不是第一个抵押物。

特权证券：使之具有可转换权、参与分红权，或本身附带有优先购买普通股权力的债券或优先股。

利润表：参见“收益表”。

损益盈余：参见“盈余”。

财产账目：是指公司在营业过程中必须使用的土地、建筑物和设备的成本（有时，也用评估价值）。净财产账目，是指这些资产的成本价或评估价值，扣除了在此期间的累计折旧，也就是说，财产账户减去折旧准备金的余额。厂场设备和厂场设备净值的术语，经常也用于说明同样的意思，但有时扣除了土地或类似运输设备这样的非固定性资产。

业主准备金：是指从盈余中提取出来，特别指定用途，仅仅只是作为股东权益净值，而不是以现金股息的形式加以分配所设立的准备金。它包括大多数的临时准备金，也包括偿债基金和厂场设备更新准备金，它反映的不是负债，而是净值。

招股说明书：是指一种新证券发行的公开说明文件，是按照1933年证券法的要求必须向潜在的购买者披露的详细说明文件。

保护委员会：一般是指一种特定证券的原始持有者设立的、在公司很难决定的重大事件或有争议的事件上，代表该证券的全部所有者利益的委员会。大多数保护委员会的产生是和破产接管事务联系在一起的，或许仅仅是因为对公司的一些基本方针政策持有不同意见（如在一些股东和管理者之间）而产生的。

保护性契约：指在一个债权契约或规范的优先股章程中的一些规定，（a）它限制公司不能做一些被认为是有损持有者利益的事情；（b）在公司出现了不利的局面或进展时，它能够提供一些补救措施。（a）例如，协议规定，不许在债券发行前把财产充做抵押品；（b）例如，如果股息没有支付，那么优先股股东拥有投票权。

代理权：是指一个证券持有者给予他人的、在选举董事或其他问题上代表自己的权益进行投票表决的授权。

置产抵押：指在购买房地产或其他财产，并且在这些财产上有一项抵押时，可以用部分支付款项提供的抵押凭证。

纯利息率：是指在一项无风险投资上的理论上的利息率，它随着一般信贷条件的变化而变化。在一个给定投资上，其实际利息率，就可以假定为由纯利息率加上测定承担那种风险的溢价所组成。

金字塔交易法：在股票市场操作中，利用假设的账面利润来做出额外购买的边际交易行为的操作方法。在公司融资中，它是指通过一系列控股公司，公司只掌握相对较少的股本而控制许多大的公司，从而创造的一种投机性资本结构的操作方法。

质量因素（定性分析）：是指不能用数字表述的考察因素——比如，管理、战略地位、劳动力状况、发展前景，等等。

数量因素（定量分析）：是指能够量化的考虑因素——比如，资产负债表的状况、盈利报告、股息率、资本结构、生产统计，等等。

速动资产：（a）有时，习惯上指的就是流动资产，但是（b）准确地说，指的是扣除了存货后的流动资产。

清算接管：通常，是指一家公司不能清偿到期债务时，由法院指定的代理人或者直接由法院对该公司的接管行为。按照修订后《破产法》的第77条和第77B条规定，在下列各种情况下，它们之间有一定技术上的区别：（a）净值接管，（b）破产清算接管和（c）受托人接管。

有价证券申请上市登记表：是指一家公司（或外国政府机构）在国内的证券交易所发行或面向社会公开发行新证券时，必须向证券交易委员会提交的申请表格。“募股说明书”向潜在购买者提供的是关于新发行证券的信息，其中绝大多数都包括在有价证券申请上市登记表中，但并不是全部。

准备金：是指对账面上设立的总资产或特定资产予以抵消的补偿金，其目的是：(a) 抵减资产，或重新评估资产；(b) 通常，表明一笔不确定数额的负债的存在；或者 (c) 对部分应予特别指定用于将来的某些用途。参见估价准备、负债准备和业主准备。准确地说，准备金代表的并不是资产，而是对资产的索偿额或扣除额。在资产方设立的满足准备金要求的科目，应该称为“准备基金”。

限制性股票：指在非正常协议约束下公司发行的一种普通股，这种股票通常不能索取股息，只有在特定事件发生时——通常在公司盈利水平达到一个特定的数额时——才享有分红派息权。

报废费用或报废准备：(a) 在收益账目中，它指的是一种会计费用，在涉及到折旧的场所使用，目的是冲销由于经营设备未能充分使用就报废（或废弃）的价值损失。它可以计入所有设备所拥有的账目，在这种情况下，它大约相当于正常的折旧费用。更常见的情形是，仅仅把它计入可能会在未来几年内将要报废的设备账目中，因此，它的数值通常要低于正常折旧费用。(b) 在资产负债表中，报废准备是一种股价准备，它表示到期时的累计报废费用。它与折旧准备类似，是折旧准备的另一种说法。但是，通常与建立折旧准备账目相比，它的数额占有关资产价值的比重较小。

营业支出：是指用来维护资产价值（如修理费用，但不包括改善费用）或者为了获得本期收入（如原材料采购、工厂劳动工资支付），而对现金或现金等价物的消耗和支出。参见和比较“资本支出”。

认股权：是指赋予已有证券的每个单位购买新证券的特权。通常，它们必须在一个较短时期内予以实施，购买的价格要低于已有的市场价格。参见“授权证”。

特许使用费：是指对下列情况支付的一种费用：(a)使用专利权；(b)那些开采石油或天然气的人对拥有石油或天然气的所有者支付；或者(c)对图书、剧本的作者支付的费用等等。

股息票：是指将来某个时期必须用现金支付的股息。那个日期也许是固定的，也许是在某种特定事件发生时才临时决定，或者完全是随着董事会的意愿确立。

季节性变动或波动：是指由于一年中时间的变化而导致的营业状况的变化。在反映一年中那段时期的经营成果时，就必须对这些季节性因素给予一定的考虑。

发行已有相当时期的证券：是指大公司已经发行的、在市场上上下下波动的一定年限内已经为广大投资公众所熟悉和喜爱的价格稳定的证券。

长期趋势：是指价格、生产量在某个特定方向上的一种长期运动趋势，它是一种和季节性变动或波动正好相反的现象。

分拆：是指从一个或多个附属子公司的控股公司或经营公司或经营部门中分离出来的行为，它是通过把附属子公司的股票分配给母公司的股东这种方式来实现的。

优先证券：参见“次级证券”。

分期偿还债券：是指在连续不断的时期内分期分批到期而不是

一次性全部到期的一种公开发行证券，其到期日一般的间隔期通常为一年。

卖空：是指自己没有拥有股票而卖出股票的行为。这种转让给购买者的行为是通过从拥有股票的所有者那里借入的方式来实现的，其中，所有者收到了在数量上等于市场价格一定比例的证券保证金。最终，卖空者高价卖出，过一段时间再低价买回，然后把所借的股票归还给借出者，从贵卖贱买中，获取差价收益。

偿债基金：是指一种公开发行的债券或优先股在它的固定到期日到来之前定期收回一部分的制度安排。该公司既可以自己出资直接购回契约规定的数量，也可以给一个受托人或代理人提供资金用于那一目的。这种回购行为，既可以以固定价格通过电话来完成，也可以以招标方式来进行，还可以从公开市场来购回。偿债基金的数额，既可以在美元面值上固定，也可以是发行总额的一定百分比，还可以根据公司的生产或盈利数据来确定。

浮动特权：是指当证券价格随着一段时间的变化而变换，或者是随着该证券的给定数额的特权的实施而变化（这种变化几乎总是不利于那些优先证券持有者）时，这是他们所拥有的转换权或优先购股权。

投机：是指进入已知有风险的市场，期望将来事件按自己预计的方向发展，以从中获取利润为目的的理财行为。

股本分割：是指把公司的股本划分为更多数额的股本单位的行为。通常（在股票有票面价值的情况下），是通过减少每股的票面价值来进行的。因此，一种证券的股票分割就可能是：用公开发行的票面为100美元的普通股1股换成票面价值为25美元的4股新的普通股。有时，也会发生相反的过程，就是说，只是通过发行数量上更少的新股本，来交换原来流通在外的老股本的每一股，由此，股份资本合并成为一个更小数额的股本。由于没有一个更恰当的称谓，通常把这种现象称为反股本分割或者并股。

股票价值比率：（a）在考虑债券的情况下，它指的是一家公司的股本的市价总值与它的固定负债的账面价值的比率。（b）在考虑优先股的情况下，它是指公司所有债权的票面价值总额加上优先股的市价总值的和与公开发行的普通股的市价总值的比率。

无面值股票的设定价值：是指无面值股票在资产负债表上记录的价值。它或许纯粹就是人为设定的，或者是按名义价值确定的，也可能就是发行价格，也可能是该股票的票面价值（在有些州，有面值股票的设定价值，可以低于它们的票面价值）。

红股：是指公司宣告以股票形式支付的应付股息，但它不一定和接受红股的股份属于同一种类。

职工优先购股授权：参见“授权证”。

直接投资：是指明确限定为获得利息或股息率的购买债券或优先股的行为，其目的仅仅是为了获取收益回报，而不考虑可能的价值增值和资本收益。

附属子公司：是指由另一家公司（称为母公司）通过至少持有其绝大多数股份来控制其活动的一家公司。

盈余：是指总净值或股东净值高于资本股票的票面价值或设定价值加上业主准备数额之和的余额。通常，这个余额中至少有一部分是从保留在公司的收益中提取的，这部分通常被称为所得盈余或者损益盈余，以表明它的来源。产生于其他来源（如固定资产的账面价值的升值、公开发行的股票的票面价值或设定价值的有意低估,或者是出售股票的溢价）的那部分盈余，通常直接标为资本盈余。

盈余表：概述在该财政年度（或其他时期）盈余变化的财务报表。它说明期初盈余加上本期收益减去公告的股息，再从盈余中加上一些常规收入或减去一些非常规费用。这样，报告中最后的科目就是期末盈余。这种报表也称为盈余报告书和盈余分析表。

转换：是指出售一种现在拥有的证券，用另一种证券置换它，以获得某种期望收益的过程。

有形资产：是指既具有物质形态，又能以量化形式加以计量的资产——例如，存货、现金、应收账款、投资。参见“无形资产”。

免税契约：是指对公司支付的利息不做联邦税扣除的一种协议。通常，依照法律，公司支付的利息可能必须以某一特定的最大百分比从中扣除联邦税。依照所得税法的一些特别规定，该种契约表示的意思是：公司将要在息票数额基础上多支付两个百分点来作为所得税。

定期存款：是指存放在一家银行、在期末（或短期末）才能提取而不是随时需要时就可以提取的资金，通常只能获取利息收益。

库存股票：是指公司以购买或捐赠方式合法地收存一部分原已发行的本公司股票。

趋势：是指在一个给定的时期，一种指标（如收益）按照一个确定的方向连续不断的变化。在反映过去的收益变化趋势在将来的发展变化时，必须利用预警机制进行说明。

受托人：是指人们把财产的所有权转让给的那些人，他们为另一方当事人谋取利益。因此，一个公开发行的抵押债券的受托人，就拥有抵押权（即，抵押财产的所有权已经转给他使用），首先就是为债券持有人谋取利益。破产财产管理人拥有使用破产者财产的权利（打了一定的折扣），主要是为破产者的债券人谋利。一个受托人或许可以假定在不直接持有财产时，也要承担一定的责任——例如，一种未担保（借据）债券契约下的受托人。

信托股票：参见“银行股份”。

信托基金：指受托人为了另一个托管人的利益而持有的资金。信托资金的创始者提出的“信托”这一术语，对于受托人可以将信托资金投资于哪些类型的资产、是否限制于“合法投资”，还是完全由受托人自由选择等等，都做了详细的规范。

未摊债券发行折价：是指最初发行的债券折扣那部分，既没有分期摊销，也没有从收益中作为费用计入。

未支用折旧：参见“折旧”。

股价准备：是设立的一种准备金，其目的是为了：(a) 表明资产本身附带价值的减少；或者 (b) 为一种相当可能的经营失败而提供准备，以实现全部价值。(a) 例，折旧和折损准备，所持证券市价总值减少的准备金；(b) 例，坏账准备金。

股权委托：是指股东把其拥有的表决权（一般只对选举董事长而言）转让给一个由少数人组成的被称为股权受托人的一种制度安排。最初，股权证是以股权受托人的名义登记的，并以信托资产形式持有，而股东收到的一些凭证，被称为“股权信托证”（缩写为V.T.C.）。股权委托一般运作五年时间。他们通常把托管证券的所有权利都给予受托人，只有表决权除外。

授权证：（a）购买股票授权或按规定价格在规定期限买卖股票的授权。这种购买股票的权利，相对于那种给予投资者正常承诺的“权利”来说，发挥效力持续的时间更长。这些授权，通常和其他证券连接在一起，但是它们或者是单独授予的，或者是在授予后再加以分开的。对于不可拆分的认股授权证来说，它们在发行时，不能脱离其他证券单独授权，而只能在拥有原始证券的基础上得到这种认股证书。在重组或为了给予管理者额外的补偿和激励时，经常授予他们这种认购股票的期权。（b）是专指某些特种类型的市政债券的名称。

减耗资产：指在公司正常经营过程中，逐渐转移价值的属于耗损的有形固定资产（例如，金属、石油或硫磺沉淀物，森林土地）。

掺水股：是指其真正的净资产价值大大低于它的票面价值或设定价值的股票，因为记录在资产负债表中的一些资产价值，既可能是虚构的，也可能有非常多的可疑之处。

虚股交易：是指通过一些重组、合并或新的资本化计划后，已经核准但尚未正式发行的证券交易的术语。全面概括的术语是“什么时候、当、如果发行”。如果该计划放弃，或者是有了实质性改变，那么，这种“虚股交易”就是无效的。

营运资金：指流动资产净值，它是流动资产减去流动负债后的净值。

收益：只用一个成本的百分比来表示的投资回报。直接受益或本期收益，可以用市场价格除以票面股息率（对于股票）或利息率（对于债券）来计算。它不考虑偿还期，也忽略了以高于或低于市场价格要求偿还的因素。分期收益或到期收益（一种债券）则更重视最终本金的损益，并通过到期时的偿还予以实现。当一种债券在到期之前是随时可偿还的，如果假定这种偿还要求真的发生，那么，真正的分期收益可能就会较低。如果假定存在着提前偿还的可能，那么真正在报表上披露的分期收益，就应该是最低的水平。